W0284808

Wormmaan

Van Mariken Heitman verscheen eerder

De wateraap

Mariken Heitman

Wormmaan

Roman

Uitgeverij Atlas Contact
Amsterdam/Antwerpen

De auteur ontving voor het schrijven van dit boek een projectsubsidie van het Nederlands Letterenfonds

Nederlands letterenfonds
dutch foundation
for literature

Eerste druk augustus 2021
Tweede druk maart 2022
Derde druk mei 2022
Vierde druk mei 2022

Omslagontwerp Nanja Toebak
Foto van de auteur Jelmer de Haas
Ontwerp typografie binnenwerk Wim ten Brinke
Drukkerij Wilco

ISBN 978 90 254 7072 2
D/2021/0108/749
NUR 301

www.atlascontact.nl

FSC www.fsc.org
MIX
Papier van verantwoorde herkomst
FSC® C004472

1

Het besturen van een trekker is een daad van soevereiniteit. Hij komt over het kavelpad aanrijden en draait dan het veld op, klaar om het land overhoop te halen. De aarde zal het toelaten, ze is kil maar gewillig vandaag. Haar kalende huid schemert door de begroeiing. Winterrogge, in een grasachtig stadium nog, bedekt amper. De aangekoppelde spitmachine zakt. Grommend komen de schoepen in beweging, ze happen grond, werken in één gang rogge, onkruid en mest onder.

Nog maar een maand geleden lag er een harde korst over de aarde. Niets is sterker dan bevroren grond, weten boeren en grafdelvers. De vorst was maar enkele centimeters doorgedrongen, toch was het genoeg om al dat trekkergewicht te dragen. De aarde liet zich niet verslempen door gedraai van banden. De mestverspreider hoestte brokken, ertussen draaide de aftakas gierend rond en de beschermkap ratelde als een hondsdol beest. Nooit kon ik de gedachte onderdrukken aan boeren die er met hun mouwen tussen kwamen. Altijd de aftakas uitzetten als je moet sleutelen, beet ik de jongens toe die het trekkerwerk deden. Liever reed ik zelf, maar dat hoorde al lang niet meer tot mijn takenpakket. Dus smukte ik mijn verhalen op met geschreeuw, bloed en amputaties. Ze keken me lodderig aan met hun vers geschoren wangen en afgemaaide krullen, net de puberteit ontgroeid. Want het hoorde erbij, man werd je met gevaar. Zonder oorlog, zonder meisje om te veroveren, moest het zo. Wanneer ze, te los in hun ledematen, kroketten en wit brood bestelden in de kantine, snoof ik in het voorbijgaan hun lichaamsgeur op, die nu al verenigd was met die van aarde, mest en diesel. Klonten vielen van hun werkschoenen en bleven achter op het linoleum, niemand die er wat van zei.

Alsof er een aardekleurige marker door het groen trekt. Er gaat opwinding uit van leeg land. Ik pak een hand aarde en knijp erin. Nog aan de vochtige kant. De jongen in de cabine kijkt achterom. Ingespannen tuurt hij van de spitmachine naar mij. We knikken.

Dan klinkt een harde klap. De schoepen komen tot stilstand, de spitmachine rijst schokkerig op uit de aarde en de jongen springt uit de cabine. Ik loop ook het veld in. We bukken en zien een steen, ter grootte van een forse pompoen. Het donkergrijze graniet is bedekt met een kleverige huid van aarde, ontveld waar de schoep hem raakte. Over de geschaafde buik loopt een zilverkleurige streep. Verder ongedeerd. De schoep van de spitmachine is er slechter aan toe, als een ontwrichte paperclip hangt hij in de muil van de machine. Vreemd, die ene steen hier. In Scandinavië zijn ze het wel gewend, daar ploppen de keien als heliumballonnen uit de aarde omhoog. Ieder voorjaar zijn de velden er zwanger van stenen en rapen de boeren hun akkers kaal voordat ze kunnen beginnen. Het zijn niet de stenen maar de aarde die altijd in beweging is. Meestal onmerkbaar, toch geloven we er stellig in.

De jongen is alweer terug in de cabine. Hij rommelt met gereedschap. Ik pak de steen en loop naar het kantoor, een lichtgevende doos in een plas modder. 'Aftakas uitzetten!' schreeuw ik.

Binnen tref ik Bert. Of ik even meekom, vraagt hij gejaagd. Ik loop achter hem aan naar zijn kantoor.

'We zijn te laat, Elke.' Zijn hand rust op een vel papier. 'Wat is dat?' Hij knikt naar de steen in mijn schoot.

'Te laat?'

'ABC Seeds is ons voor geweest. Hun pompoen lijkt te veel op de onze.' Hij schuift het A4'tje mijn kant op. De tekst is kort maar helder. De geteste eigenschappen van onze beider rassen zijn op een enkele na vergelijkbaar. Ook hun pompoen is vroeg, heeft eenzelfde opbrengst in kilogrammen en de kleur, zelfs de compacte begin-groei die schoffelen vergemakkelijkt, is nagenoeg hetzelfde. Alleen het percentage droge stof verschilt. Hoger, in die van hen. Onze concurrent ontwikkelde exact dezelfde pompoen, op een enkele, superieure eigenschap na. Hun pompoen is minder waterig. Veel belangrijker is dat hun aanvraag tot erkenning eerder was. Ik kijk naar de datum. Eén dag eerder. ABC Seeds kan met hun ras Plenty de markt op en zeven jaar werk terugverdienen. Wij hebben pech. Ons ras bestaat niet, we maakten een kopie.

'Plenty?'

Bert ziet er vermoeid uit.

Ik schuil in de kas, snuif de opwekkende schimmellucht van verse potgrond op. Buiten wil het maar niet licht worden, hierbinnen schijnt een kunstzon. Het windstille klimaat, de buizen en gecodeerde bordjes wekken een geruststellende schijn van controle. Ik zit in een hoek met de steen als een waakhond naast me. Bert vroeg me wat ik dacht. Zeven jaar werk voor niets, daar dacht ik aan. Zeven jaar voorbereiding en hoezeer ik daarvan houd. De zware trekker in het najaar, scheef, met één poot in zijn eigen voor, de blikkerende ploegscharen die aan het begin van iedere baan in de klei zakken alsof het vla is, hoe ze de grond openrijten, de plakken keren. Een zwerm meeuwen erachteraan die systematisch de wormen wegsnaait. De voren, die als een dik breisel het land bedekken. De doffe klei moet kapotvriezen, verbrijzelen als een pavlova. Maar kou is iets van vroeger, steeds vaker wordt de klei met dieselkracht tot moes geslagen, als een staafmixer ranselt de rotorkopeg al het leven uit de grond. Hier, op de lichtere zavelgrond van de kwekerij, volstaat spitten. Daarna lopen zaden en wortelresten van kweek, melde, akkerdistel en knopkruid massaal uit. Maar de voorzichtige wortels van onze gekoesterde pompoenen krijgen geen voet aan de grond, de stengels te teer, de bladeren te zacht. Hun fragiliteit vraagt om een strakgetrokken bed. Dus moet de eg, een reusachtige hark met stalen tanden als gekrulde drakenstaarten, brokken klieven, daarachter een zware rol die alles verpulvert. Dan wordt het april en zie ik mijzelf gehurkt het vlakke land aaien dat zich rillend in het voorjaarslicht schikt. Een maand later, de vierkante veldjes pompoenen, strak uitgelijnd per ras en generatie. De vrouwelijke bloemen per stuk keurig verpakt in gazen mutsjes om toevallige bevruchting te voorkomen, de mannelijke simpelweg geamputeerd. De planten soms onder insectengaas om lompe hommels te weren zodat alleen wij erbij kunnen, met onze kwastjes, gedoopt in het kleverige stuifmeel van onze keus. Het scouten van de planten en hun vruchten, de lijsten met gegevens, hoeveel armen per plant, aanvang van de bloei, aantal bloemen, hoe ziekteresistent, moment van vruchtzetting en natuurlijk het gewicht van de vruchten. Daarin bevinden zich de embryo's van onze zorgvuldige bevruchtingen, de nazaten, die pas het volgende jaar uitgezaaid en uitgeprobeerd konden worden. Daarom duurde het zeven jaar om een nieuw ras te ontwikkelen. We vonden zijn opbrengst spectaculair vroeg, veel vroeger dan bestaande rassen.

Ik til de steen op en voel het ruwe van zijn fonkelende kwetsuur. Denk aan een klasgenootje dat knijpbeestjes spaarde, ze had een hele sliert. Met stijf uitgestoken armpjes knepen ze in het koord dat aan haar hoogslaper hing, kop aan kont. Ze voelden hard aan onder hun dunne laagje stof. We hadden er weleens eentje uit zijn vacht gepeuterd. Wat overbleef was een te groot hoofd op een eng, roze geraamte. Verder kon je weinig met die knijpbeestjes. Je kon in hun schouders knijpen, dan weken de armpjes en lieten ze het koord los. Ook konden ze met die armpjes elkaar vastgrijpen, je vinger of een ander uitstekend lichaamsdeel. Dus verlegden we onze aandacht naar de telefoon die op het bureautje onder haar hoogslaper stond. Het was een echte, met een draaischijf. Mijn klasgenootje draaide een nummer en zei dat er een jongen opnam. Ik kon mijn verbazing slecht verbergen. Ze knikte wild, fluisterde volleerd met haar hand voor de hoorn dat hij vroeg wat voor kleren wij aanhadden. De hand verschoof, ze antwoordde: baljurken, heel mooie. Ik een roze en Elke een blauwe. We giechelden. Ze stak de hoorn mijn kant op. Ik schudde mijn hoofd. Toe nou, zei ze opgewonden. Hij wil jou spreken. Echt, ik zweer het op mijn konijn. Om niemand in de problemen te brengen, nam ik de hoorn van haar over en luisterde. De jongen had zeker opgehangen.

Zelf had ik een handvol knijpbeestjes, maar ik spaarde stenen. Grijze stenen, met een streep wit marmer. Dat vertelde ik niet aan haar. Ik bewaarde ze in een schoenendoos. We liepen van school naar huis en ze vroeg of ik kwam spelen. We naderden een oprit met grind. De juiste stenen vond je vaak in het grind, soms in het bos. Ik antwoordde dat dat niet ging, dat ik het druk had. Ze fronste. Dat ik moest oefenen, vanmiddag. Voor klarinetles, voegde ik er traag aan toe. Saai, zei ze en dat ze blij was dat zij geen muziekles had. Nou doei dan, en ze huppelde de hoek om. Ik hurkte voor het grind en liet mijn ogen over de verschillende stenen gaan. Niet één was hetzelfde. Na een stuk of tien goeie exemplaren bedacht ik dat ik niets had om ze in mee te nemen. Geen jas, gymtas of broekzakken. Ik droeg een jurk. Dat het rood me zo schattig stond, had mijn moeder vanochtend nog geglimlacht.

Met volle handen liep ik naar huis en opende moeizaam de keukendeur met mijn elleboog. Dag lieverd, wat ben je laat? zei mijn moeder. Ik liet haar mijn boze, te volle handen zien. Drie ontsnapten en kletterden op de keukenvloer.

Voor me staan bakken stijve potloodpreitjes, hun toppen keurig gecoupeerd als varkensstaarten. Plenty. Maar wat kun je verwachten van een bedrijf dat zichzelf naar de eerste drie letters van het alfabet noemt.

Ik noemde hem Aparche, naar het eerstelingenoffer, het allereerste en fraaiste deel van de oogst dat de oude Grieken aan hun goden brachten. Omdat onze pompoen zo vroeg was en half augustus al begon af te rijpen.

'Aparche, de allereerste zomerpompoen'. De mar-

keting is al in volle gang. Op mijn bureau liggen de kleurige glimmende folders met weinig tekst en veel foto's van het rondborstige oranje, kuubskisten vol. Bedoeld om akkerbouwers te verleiden, die een groot risico nemen bij de overgang naar een nieuw ras. Ze weten nog niet hoe de grond reageert, of ze de signalen van het nieuwe gewas zullen begrijpen, of ze beschikken over de juiste mechanisatie. Het wekken van kleurige verwachtingen helpt. Dat, en tabellen met kilogrammen opbrengst natuurlijk.

Aparche is ineens overbodig, een offer dat geen offer is. Pompoen Plenty van ABC Seeds, het knappere broertje, heeft het bestaansrecht gewonnen. Beide zijn hybriden, het type ras dat je verkrijgt door twee ouderlijnen afzonderlijk en langdurig bloot te stellen aan inteelt. Wanneer twee van zulke ouders met elkaar gekruist worden, ontstaat er een explosieve generatie nakomelingen: hybriden zijn in bijna alles krachtiger dan de optelsom van hun beide ouders. Ze groeien uniform, bloeien overdadig en dragen hun fruit zwaar. Boeren houden van deze voorspelbare, overvloedige planten. Maar in hun vruchten bevindt zich nieuw zaad dat onbruikbaar is. Bevrucht een hybride namelijk zichzelf, dan stort het kaartenhuis in. Zijn de kaarten geschud, dan herschikken de eigenschappen zich eveneens. Sommige verdwijnen en andere die onderdrukt waren, treden juist naar voren. De nakomelingen lijken niet op elkaar noch op hun hybride-ouders. Zo'n pompoen kan zich niet vormvast voortplanten. Enkel met hulp van ons, zaadveredelaars.

De deur van de kas schuift open. Vincent, onze erwtenman, draagt twee koppen koffie en geeft mij er één, zet een stoel naast de mijne. We staren naar het preiplantgoed. Hij vraagt hoe het met me gaat, wat ik nu ga doen. Buiten klinkt het onafgebroken geronk van de trekker. Wat ik ga doen. Het is een goeie vraag, ik was er nog niet aan toegekomen. Ik zeg dat ik het niet weet, hij knikt en zegt dat het een blunder is van ons hele team, dat hij hoopt dat ik het me niet te persoonlijk aan zal trekken. Nee, gun ik hem, en dat hij gelijk heeft. Mijn blik dwaalt af naar buiten.

'Denk je niet, Vince, dat het nog te vroeg is om te spitten?'

Hij antwoordt dat het de beslissing is van Joop van de buitendienst. Ik knik en kijk naar buiten, daar wil ik zijn. Geen glas tussen mij en de wereld. Rechtstaan op dat verse land, voelen hoe mijn schoenen een centimeter of wat verzinken, handen als vuisten in mijn zakken. Kijken of de jongens de kuilen en sporen van vorig jaar netjes weggewerkt hebben. Of de bovengrond voldoende is bezonken en niet te fijn maar ook niet te grof gemaakt is. En ik hoor al het geklepper van de plantmachine, de scholieren met hun snelle handgebaren, hoe ze de tengere plantjes een voor een in de plantbuis laten vallen, hun radio, blote benen en gelach. Daarna groeit het veld dicht met wuivend blad en harige armen vol helgele bloemen. De eerste oranje en diepgroene rondingen zullen in augustus als enorme paaseieren opvlammen tussen het naar zand verkleurend blad. Maar niet dit jaar.

‘Ik wil je wat laten zien,’ zegt Vincent en hij vertelt over een heel oud zaadvast erwtenras dat hij onlangs uit Turkije heeft ontvangen. Bitter, maar gezegend met allerhande ziekteresistenties. Een ras dat waarschijnlijk direct terug te voeren is op een erwt die de allereerste boeren teelden, zo’n negenduizend jaar geleden. Turkse boeren in afgelegen berggebieden verbouwen dit gewas tot op de dag van vandaag, hoofdzakelijk voor eigen gebruik. Waanzinnig, eindigt hij hoofdschuddend en drinkt zijn laatste slok koffie.

Vincent is meer een verzamelaar dan een veredelaar. De ontwikkeling van nieuwe erwtenrassen is bovendien financieel nauwelijks interessant. Voor de versmarkt zijn ze te duur en ingeblikt is het kwaliteitsverlies zodanig dat veredelen op zoiets als smaak niet loont. Bij erwten draait het om kilo’s. Ik heb me er niet eerder voor geïnteresseerd. Een koppige oererwt. Ik knik, we staan op.

’Wat is dat?’ Vincent wijst naar mijn steen.

2

De Levant, negenduizend jaar geleden

De steppe raast, maar een mens moet af en toe rusten. Daarom wezen we haar iedere avond een holte, rotsspleet of drooggevallen oever. Dit deel van de vruchtbare halvemaan dat de Levant wordt genoemd, bestond uit grasvlakte en wind. Matiging ontbrak. Meer dan rugdekking hadden we haar niet te bieden. Ze schuilde in haar kap, maakte povere vuurtjes om slangen en andere vreters te weren, at gehurkt de hazelnoten, winterharde bessen of wortelstokken die ze onderweg in haar buidel verzamelde. Nam niet de moeite ze te pellen of te roosteren. Ze was jong, ze had er de tanden voor. Iedere avond prevelde ze een dwanggebed. Grote Moeder, wijs mij een nieuw volk. Alleen ben ik verloren.

We lieten haar slapen, daarna.

Die schemerwereld vroeg meer van haar dan de steppe. Ze woelde een tijdje, sloot haar ogen en dan verschenen de schimmen. Ze mocht niets, niet helpen met het malen van het graan, niet de pap eten daarna. Dan keek ze weer vanachter een muur naar het dansen en zingen rond vuren, de maan die de mensen met zijn blauwige schijnsel wakker hield. Hoe het dansen geleidelijk aan drammerig werd, ledematen zich schokkeriger bewogen. Totdat het zingen melodie en ritme losliet. De uithalen, het schrille. Hoe ze haar adem inhield en het ademen daarna zijn maat niet meer vond. Weten – maar niet zeker – dat er iets niet klopte. Gierend gooiden de mensen huiden en kappen af, hun maanwitte vel werd zichtbaar, schuim rond hun monden hoopte op als kaf, lichaamsdelen schommelden. Enkelen pakten een fakkel uit het vuur, dreigden ermee naar boven.

Nooit zag ze hem komen. Gehurkt schreeuwde hij in haar gezicht, de ogen bloeddoorlopen, wreed. Een vlok schuim in zijn baard. Zijn stank. Onaangekondigd stak hij de fakkel in haar buik.

Altijd dezelfde beelden. Maar dat was niet waarom we haar volgden.

Wie wij zijn? Voorouders, de hare ook. Makkelijk gezegd, want al lang geleden de tel kwijtgeraakt, weten we niet precies meer wie of welke. Men sloot zich aan, dus houden we het maar op allemaal. De tragiek van een mens is namelijk de gedachte dat hij er één is. Een afgebakende entiteit. Maar wij overlappen in ons voorouderschap. Werkelijk niemand komt voort uit een enkelvoudige lijn. Noem ons het verknoopte amalgaam van haar verwanten, de niet-aflatende stroom doden.

Want sterven deden we vaak en veel. Soms direct na de geboorte, in de strop van onze navelstreng. Of we werden al eerder, niet groter dan een erwt, nog voor het scheiden van vingers en tenen in een brakke golf uit het moederlichaam verstoten. Te klein gestorven van honger, dat ook. Geëindigd in ondiepe kuilen, toegedekt met wat aarde. Ingedroogd, vergeten. Wij zijn al haar moeders, die leeggebloed stierven terwijl we bevielen, vaak samen met het kind. Soms gebeten door slangen, neergestort in een ravijn, twee van ons werden zelfs getroffen door de bliksem. Wij zijn al haar vaders, vertrapt of opgegeten door beesten, verdronken, doodgeslagen of verjaagd. Wij zijn een voor een haar voorouders, waarvan het gros veel minder bijzonder stierf. We werden tandeloos broos, bezweken onbeduidend onder een reeks van alledaags leed: een breuk of tandbederf, een uiteenlopend aantal infecties, eenzijdig voedsel of voedselgebrek. Gevolgd door een simpel virus of simpele parasiet en daar vergaat het geërodeerde lichaam zonder reserves, het houdt er simpelweg mee op. Veruit de meesten van ons kregen nooit een graf. Zoiets moet je bij leven verdienen. Wij zijn talrijker dan de levenden en dat wat zij doorlopend vrezen zijn wij al lang gepasseerd. Toch ontbreekt ons ieder mandaat. Want alleen een lichaam heeft hier iets te zeggen. Daarom volgden we haar, onze nazaat. Waren we het maar iets vaker met elkaar eens.

Wij waren alles wat ze had, haar mensen hadden zich onlangs bij ons gevoegd. Al had ze geen idee. Overdag daasde ze als een dronken zonnewijzer voort. Wij zagen als enigen hoe haar schaduw zich verlengde, kromp en weer aangroeide, vervaagde en verdween. Achter zich zag ze brandende voorraadschuren, mensen die met stokken het vuur uiteensloegen. Zij, de dwaalvlam, draaide zich af en vluchtte.

Die dag rook ze eindelijk rivierwater en vee. De paadjes, gekapte stammen en natte keutels verraadden dat hier mensen leefden, boeren, zoals zij. Nu was ze nog meer op haar hoede. Van jakhalzen en wolven wist je wat ze wilden, maar mensen konden dodelijker zijn.

Ze zag de schapen al van verre, sloop dichterbij en hurkte achter struikgewas. Niets bewoog, ook het blad niet van de paar bomen die de rivier zo dicht bij haar oever verdroeg. In de schaduw sliepen twee mensen, omringd door de kudde. Hun dorst gelest lagen de dieren slordig verspreid, de vuile knietjes gevouwen. Ze herkauwden met ritmisch malende kaken, de wangen gebold. Ze waren in gedachten verzonken, hun blik naar binnen gekeerd. Af en toe draaiden hun oren of schudden ze hun kop om steekvliegen te weren.

Wij hebben vele levens gezwegen. Maar nu moeten we iets kwijt. Deze twee slapende mensen en het volk waartoe zij behoren, zijn geen vreemden voor ons. Ook zij zijn onze nazaten, hoe kan het anders? Wij zijn niet enkel en alleen het amalgaam van een handvol voorgegane broeders en zusters. Wij zijn ook de zuidelijke nomaden, rusteloze Geenlanders die niet de goden maar de opperdieren dienen, de Neanderthalers die hun pigmentarme huid doorgaven, Homo erectus met zijn revolutionair grote brein, de aapachtigen die voor het eerst op twee voeten liepen, de kleinere aapjes die aan sommigen van jullie een fantoomstaart gaven en een vage affectie voor bomen, tot aan het muizige dier dat wonderbaarlijk standhield en het spektakel overleefde dat de dinosauriërs nekte, de vierpotige amfibieën met hun verwante orgaanstructuur en bloedsomloop, we zijn de vis die uit de modder kroop en ademde, in – uit en – in en nog langer geleden, ook hen zijn wij, de kwalachtigen wiens cellen precies zo waren als die van iedereen, met een celmembraan en een kern, het ogenschijnlijk ongevormde, wij stierven bij bosjes en sloten ons aan, tot aan de allereerste spontaan ontstane eiwitstreng. Maar ook dáár begint het niet. Wij zijn de onderdelen waar die streng uit ontstond, het gas en de aarde, de mineralen, moleculen, de zuren en de basen. Het stof geworden licht en de beweging. Hoe benoem je onmetelijkheid? Zij komt voort uit een ononderbroken vloed van leven. Zij is nooit alleen.

Toegegeven, wij zijn bijna altijd verdeeld. Consensus is voorbehouden aan de eenling en dat is dus het enige wat wij nooit waren. Sommigen van ons waren het er niet mee eens, maar zij met haar veto-lichaam besloot. Dit is wat er gebeurde:

Ze kwam tevoorschijn van achter haar struik en stapte op de twee mensen af. De schapen blaatten elkaar wakker, enkele stonden haastig op. De twee mensen ontwaakten. De jongen, geschrokken, greep naar zijn stenen mes. Ze toonde haar lege handen en noemde haar naam, Ra, klopte twee keer op haar hart waarbij ze de duim liet liggen. Ze ontdeed zich van haar kap. Dat schiep verwarring.

Wij waren heel even verbaasd. Kennelijk verlies je het menselijk perspectief als je iemand lang kent en we kenden haar langer dan de tijd bestond. Het deed op dit moment allemaal niet ter zake want achter haar doemde een enorm beest op. Uit het niets, zouden de twee later beweren.

Het gedeelde gevaar verbroederde. De twee mensen schreeuwden en wezen maar het was zijn geur die haar alarmeerde. Ra draaide zich om en zag op steenworp afstand de enorme stier. Zo groot, dat hij wel drie koeien leek. Log duwde hij met zijn enorme hoorns tegen een boom. Haar maag stuwde iets omhoog, ze slikte het zuur terug. Het beest schraapte stukken bast van de willoze stam, loeide ingehouden en verdreef met flauwe zweepslagen van zijn staart opdringerige insecten. Hij knabbelde bast. Nogmaals keek ze naar zijn enorme hoorns. Ze beklopte haar kleed, want haar lichaam was vergeten dat ze haar slinger thuis had moeten achterlaten. Haar speer, die had ze wel. Achter de struik, herinnerde ze zich. Daar gelaten om de twee mensen niet af te schrikken.

Wij realiseerden ons dat dit een verkeerde wending kon nemen. Het werd nog erger. Plotseling leek het beest geplaagd te worden door een onzichtbare kracht. Met een hoge krijs zwiepte hij met zijn kop. Zijn ogen draaiden weg, zijn spieren spanden, hij stampte een paar passen in haar richting, bolde zijn rug en draaide dat enorme lijf in een bocht. Briesend trapte hij klonten grond in de lucht. Exact daarna fixeerde hij haar.

Te laat. Ze draaide zich om, de twee mensen waren in de enige boom geklommen, die laf doorboog onder hun gewicht. Drie zou hij niet dragen, zoveel was zeker. Ze begon te hollen.

We vonden het zonde. Na alles wat we hadden meegemaakt, alles waarvoor we haar hadden behoed. Sommigen van ons keerden zich af, ze hoefden geen getuige te zijn van het inhalen, spiesen, werpen. Wij hoorden hem galopperen, de grond onder zijn hoeven gaf mee als slappe pap. Vanuit de boom werd geschreeuwd, maar haar oren waren volgelopen. Zwalkend naderde ze de oever. Die neigde hier vrij steil naar beneden, de bodem ongelijk met ronde keien en zachte modder. Ze zwaaide met haar armen om in evenwicht te blijven. Een schreeuw, van wie? Van ons, die twee, misschien van haar. Eindelijk water, ze klotste verder, tot halverwege, tot ze steeds trager ging. Ze vermoedde dat het ondiep was, dat ze door kon lopen, misschien zelfs tot halverwege, ze was al een eind. Desnoods kon ze naar de overkant zwemmen, ze zou zichzelf redden maar daarmee haar enige en kostbaarste bezit misschien verdrinken. Het water likte onschuldig, daarbovenuit klonk gezoem. De aanzwellende dreiging van een wolk donkere stippen, een zwermend bijenvolk, zich verdikkend en rekkend. Maar het was te ritmisch, het veranderde te snel van toon. Ze draaide zich om. De twee mensen zwiepten fanatiek hun snorrebot boven het hoofd. Hoew-hoew-hoew, klonk elke ronde. Aan de waterkant stond het bakbeest als een waterschuw kind te dralen, de kop laag. De lange pluk onder zijn kin hing in de rivier en droop van het vocht. Hij loeide hoog, binnensmonds. Ze haalde adem, haar keel voelde schraal. De twee riepen iets, ze klonken schor. Maar de twijfelende stier hield haar in zijn greep. Zijn zwarte vacht werd precies op zijn ruggengraat in tweeën gedeeld door een vuilwitte streep. Hetzelfde wit dat ook als een losjes getekende aureool zijn neus accentueerde. Zijn naar elkaar gebogen hoorns wezen omhoog en waren minstens zo lang als haar speer, haar iele speer waar ze niets aan had omdat hij ergens achter een struik lag. Beheerst zette hij een stap het water in, en nog één. Hij bukte en sloeg met zijn tong als een enorme lepel een slok water naar binnen. Snoof uitgeput natte adem uit. Het zwarte beest, verreweg de grootste stier die ze ooit zag, maakte trage graafbewegingen met een voorpoot. De kuil vulde zich direct met water. Zijn huid trilde en glom van zweet. Toen liep hij behoedzaam verder het water in. De mensen schreeuwden weer, dat ze moest lopen, het zoemen stopte. Ra's blik landde weer op de stier. De plotselinge stilte beviel hem niet. Korzelig zette hij een stap achteruit en knikte met zijn kop. Daarop ving het gezoem weer aan, eensgezinder dit keer. Vanonder zijn zware wenkbrauwbogen keek hij haar aan, eerder onderzoekend dan woest. Zijn laf-zoete geur van mest en zweet dreef naar haar toe, vermengd met die van het broeierige water.

Wij verbaasden ons eensgezind. Wat ze deed was ongekend.

Kom maar, fluisterde ze, haar handen plat op het water. De rivier was van haar, hij was te gast en dat wisten ze allebei. Kom, fluisterde ze nogmaals. Ze hoorde het zuigen van zijn hoeven in de natte rivierbodem. Daarbovenuit klonk het diepe brommen van de snorrebot. Het moment dat het water zijn buik bereikte, ontviel hem een gorgelende zucht. Kom, en ze strekte haar hand naar hem uit. Zijn oren waren strak naar voren gericht, alsof hij geen woord wilde missen. Hij zette nog een paar stappen en zakte daar ineens in elkaar. Voor haar ogen ingestort. Even dacht ze dat hij lag om te sterven, maar heel kalm hield hij zijn kop boven water, terwijl hij haar blik vasthield. Daarom waadde ze zijn richting op. Nu pas zag ze het bultje onder zijn linkeroog. Een bij had zich in hem vastgepind. Vlug stak ze een hand onder haar kleed. Op haar blote huid vond ze het vochtige pakketje.

Ze voelde de stelen, telde. Eentje kon ze wel missen. Ze wurmde het los, strekte haar arm en opende haar hand. Ze ademden allebei uit, zijn tocht streek tegen haar handpalm. Met zijn enorme tong zwiepte hij zeer precies het plantje van haar hand, waarna het in zijn muil verdween. Hij kauwde. Zonder na te denken deed ze wat ze met ieder ander, schaap, mens, of hond, gewend was te doen: ze legde haar hand op zijn gespierde herkauwerswang zodat hij wist waar ze was en ging langzaam omhoog, richting zijn oog. De bij zoemde lusteloos. Haar hand naderde en in een vlotte beweging trok ze de bij uit de donkere stierenhuid, gooide het insect van zich af. De stier slikte en schudde zijn kop van haar weg. Goed, zei ze. Even deden ze niets, tot hij zichzelf klotsend omhooghees. Grote wolken modder makend, draaide hij zich om en sjokte terug naar de kant. Daar aangekomen schudde hij zijn kop. Water, snot en modder vlogen rond. Even leek hij te moeten wennen aan de plotselinge zwaartekracht, de realiteit van de dingen, maar kuierde toen de oever op. Richting de steppe. Weg.

3

'Je lijkt in de war,' zegt Vincent. We staan in de zaadloods, de tl-verlichting gaat knipperend aan, achter ons sluit de schuifdeur met een smak. Er waait een kunstmatige bries. We lopen over het middenpad. Ik volg hem met lege handen, de steen heb ik zolang in de kas gelaten.

'Sta jij er nog weleens bij stil dat we planten wezenlijk veranderen?' Ik kijk naar zijn rug, de fleecetrui met pillen van het vele wassen.

'Wat bedoel je?' Hij draait zich om.

Geen ramen hier, maar stellingen die reiken tot het plafond, ver boven ons. De schappen zijn gevuld met zaden, honderden rassen, netjes gecodeerd. Het ruikt kruidig en droog. Met het zaad dat hier ligt kun je een aarde inzaaien. Wat ik bedoel is dat ik zeven jaar lang de nakomelingen koos die pasten binnen het economische wenspakket van telers en consumenten.

Het was mijn selectie prinsen die zich mocht voortplanten. Generatie na generatie werden de planten meer zoals ik wilde, de mal sloot steeds beter aan. Ze veranderden. God der pompoenen was ik.

'Ik ben het kwijt.' Ik schud mijn hoofd.

Vincent legt een seniore collega-hand op mijn bovenarm. 'We veranderen niets wat zich niet laat veranderen, Elke. Veranderlijkheid is de grondslag van het leven, niets wat leeft is statisch. Neem een paar dagen vrij. Denk niet te diep na. Je bent goed in je werk en mensen moeten eten.' Twintig jaar geleden overkwam hem iets soortgelijks, vervolgt hij en dat het onderdeel van het werk is, een teleurstelling af en toe. Belangrijk werk. Wij voeden de wereld.

Ik knik, ik ken het verhaal, maar hij niet het mijne.

Dat begon op een kinderfeestje. Blind moesten we een kledingstuk uit een zak grijpen en aantrekken. Jongens trokken rokken aan, meisjes zetten brillen op hun neus en strikten stropdassen om hun dunne nekjes. Mijn hand graaide instinctief, wat moest die hand anders, en ik voelde iets van dunne stof met een harde, ronde vorm, iets wat leek op een kussentje. De hand trok en uit de zak kwam een monsterlijk grote beha tevoorschijn. Kom, zei de moeder, doe maar aan. Ik keek de kring rond, niemand had een beha. Doe toch mee, zei de moeder en ze legde de bandjes om mijn schouders. Het was natuurlijk haar beha. Zo, zei ze, dat is grappig. Iedereen keek hoe ik mijn armen door de bandjes stak. De onzichtbare borsten onder mij waren enorm. Ik pakte het ding bij een puddingzachte halvemaan en stopte het terug in de zak. Ik wil niet, fluisterde ik. Het is toch maar een spel, gekke meid, de rest doet toch ook mee. De moeder klonk dwingend nu, niet meer opgewekt. Ik wil niet, fluisterde ik weer. Kijk, zei de moeder, en ze pakte de bh weer uit de zak, Pieter heeft een rok aan. Het is een spel. Pieter staarde me met een plakkerige vissenmond aan, de rok lubberde om zijn middel. Hij had een zwaard in zijn handen. Het was een spel, maar meedoen was verplicht.

We stoppen voor de stelling met erwtenzaad. Een aantal schappen, meer is het niet. Ben ik inderdaad in de war? We beschouwen de vorm van Aparche als vastomlijnd. Er is een lijst typerende eigenschappen. Maar zijn vorm is enkel vast door het regime waaraan ik hem onderwerp. Laat ik hem zijn gang gaan, dan is zijn voortbestaan fluïde en valt zijn nageslacht uit elkaar in een duizendkoppig vreemdelingenlegioen.

'Ik moet iets nieuws verzinnen. Aparche is vandaag opgehouden te bestaan. Maar het zaad ligt daar.' Ik wijs. 'Het is niet dat ik het niet snap, natuurlijk kunnen we hem nu niet meer vermarkten. Misschien snap ik het te goed.' Ik leg een hand op een zak in het schap. 'Hoeveel rassen heb je hier?'

Vincent wrijft over zijn kalende schedel, telt in gedachten. 'Een stuk of twintig.' Hij pakt een kleine juten zak, 'dit zijn de Turkse zaden. Al duizenden jaren is deze erwt min of meer onveranderd.' Wonderbaarlijk, vervolgt hij, en dat hij genetisch waarschijnlijk heel dicht bij zijn wilde voorouder staat. Paars bloeiend, net zoals kapucijners en dat het geen forse klimmer is. Verse, groene erwten zoals wij ze eten, dat is iets van de laatste honderd jaar. De Turken plukken ze rijp en droog, zoals spliterwten, en hij giet wat zaden in mijn hand. De gedeukte knikkertjes zijn grauwig groen. Hij roert er met een vinger doorheen. 'Kijk, geen erwtenpeulboorders.' Ze lijken op het eerste gezicht inderdaad gaaf. Niet gemineerd door de boosdoener, een onooglijk vlindertje dat in mei haar eitjes op bloeiende erwtenplanten legt. Het rupsje dat er kort daarna uit tevoorschijn komt, vreet zich een gang door de jonge zaden, de erwten. De wormstekige erwten zijn van mindere kwaliteit en soms gaat een hele oogst verloren. 'Makkelijk met gif te bestrijden. Daarom is er nooit veel energie gestoken in de ontwikkeling van een resistent ras. Tot nu.' Hij grijnst. 'Want ik ga dit boskatje in mijn kwakkelerwten kruisen.' Hij vertelt me een Turkse legende over een afgedankte stiergod, beginnend met een winter waarin het onverbiddelijk hard waaide. De oude stiergod zocht beschutting. Niet eenvoudig met zo'n gigantisch lijf. Hij bewoonde het zware onderstel van een rund en het bovenlijf van een mens: vier pilaarachtige poten en twee armen, hoorns reikend naar de hemel op een kop die gedragen werd door een gespierde nek. Dik krullend haar, beginnend tussen zijn hoorns, liep door in de nek, over de ruggengraat naar achteren tot de staartaanzet. Deze massieve stiergod, magistraat van de jacht, hoeder van schier oneindige aantallen gazellen, Hoge Raad bij conflict – want wie jaagt, die neemt en moet derhalve ook geven en dat deden zijn mensen niet graag uit zichzelf –, deze almacht was, om voor hem onverklaarbare redenen, al een tijd uit de gratie van zijn volk. Dralend achter de dorpsmuur keek hij naar hun bedrijvigheid. Het was hem allemaal even vreemd: hun voedsel, arbeid en onderkomens. Meer dan ooit verlangde hij naar wie hij ooit was, hij snakte naar een klopje op zijn schoft, een uitgelezen hapje, bewonderende blikken, hun gunst. Nooit had hij gedacht dat er een einde zou komen aan de dagen waarin ze samen over de steppe trokken. Diep vertwijfeld ijsbeerde hij achter de muur, zijn ogen gesloten tegen het gierende zand. Hij slikte uit alle macht een veelkoppig treiterverdriet terug naar de achterste van zijn vier magen. Ondertussen trapte hij met zijn onbenullige geklos hun rulle akkers compact, schopte de keurig aangelegde dammen en irrigatiekanaaltjes in de war, joeg met dat grote lichaam hun schapen en kinderen angst aan. De mensen werden het zat. Hij werd ontboden.

Wie ben jij nog, zogenaamde stiergod, zeiden ze. Ze hadden zich in een cirkel om hem heen verzameld. Vuur maken we al lang zelf, net als handbijlen en huizen. Wat heb jij ons nog te bieden? Ook je toorn laat ons koud, want zelfs wanneer je al het wild voorgoed verjaagt, hebben we onze gewassen en schapen: giften van de enige ware, onze stenen Moedergod. Ze wezen naar een kei, niet groter dan een kinderhoofd. Wij – feitelijk haar ondergoden – maken ons voedsel zelf. Ga nou maar. Je bent overbodig.

Zijn schouders zakten centimeters. Dat veelkoppige treursel baande zich een weg omhoog, passeerde maag na maag, daarna de slokdarm, hij boerde het op als een te herkauwen klont gras. Maar het bereikte nooit zijn malende kiezen, het steeg op, trok een waas voor zijn ogen, woedde rond tussen zijn hoorns. Dit heb ik te bieden, zei de stiergod gekweld, hij duwde een paar mensen opzij en greep met beide handen de steen beet. Grommend van inspanning, zijn armspieren trilden, tilde hij het verrassend zware ding omhoog. Zo, met gestrekte armen en de steen hoog boven zijn gehoornde kop, blokkeerde hij de zon. Hij zette de mensen voor even in de schaduw. Met een rauwe kreet – wat had hij nog te verliezen? – liet hij de steen krachtig op zijn hoorns neerkomen. Zijn laatste daad, zo bleek.

De mensen vonden het nog wel zo beschaafd de bejaarde barbaar te begraven. Een flink eind buiten het dorp, want te veel herinneringen aan hun ongeciviliseerde verleden wilden ze nou ook weer niet bewaren. De gespleten steen, dat was een ander verhaal. Men wist niet wat te doen dus werden de twee helften maar daar gelaten.

De winter vertrok, de lente kwam en precies in de reep aarde tussen de twee helften ontloken erwten: groter, zoeter en rijker dan hun wilde soortgenoten. De mensen aten dankbaar van wat de planten zo gul voortbrachten en ieder jaar, wanneer het wonderlijke gewas met paarse vaantjes bloeide, vierden ze de overwinning van hun stenen god op de ongetemde bastaard.

Vincents telefoon gaat. Hij kreunt, legt de zak in mijn handen en klopt zoekend zijn broek af. Ik ruik het jute, verweven met de vluchtige zaadgeur. 'Sorry,' hij wijst naar de telefoon, loopt richting de uitgang, steekt een hand naar me op om aan te geven dat hij zo terug is. 'Ik hoor je niet,' zegt hij in de hoorn, 'ik ben in de loods, wacht', zijn stem verdwijnt.

Het klimaatsysteem gonst. Iets nieuws bedenken. Jaren geleden deed ik dat voor het laatst. De meeste rituelen kies je niet zelf, daar begint de ellende. Ik vond destijds dat ik hem, de bakker, meteen die allereerste keer had moeten verbeteren. De tweede of de derde keer had ook nog gekund. Want we kenden elkaar nog niet, ik was nog geen vaste klant. Ik kon nog iedereen zijn. Maar je laat niet iemand twee jaar lang dezelfde fout maken, om hem dan pas te verbeteren. Dus na de vierde keer had ik me erbij neergelegd. Hij sprak, ik zweeg, eigen schuld, zo zouden we het doen.

De zaak was druk, iedereen weekend-opgewekt. Vaders met kleuters bestelden na lang dubben vier croissantjes, moeders deden bestellingen voor twee weken, studenten zonder paraplu dropen binnen, zwartschilders aten saucijzen voor het beslagen raam, ouderen telden hardop al hun kleingeld op het vitrineglas en boven dat alles uit klonk het troostend zagen van de broodsnijmachine. Ik was bijna aan de beurt. Kopschuw richtte ik mijn blik alvast op de slipperige vloer.

'Jongeman, wat mag het zijn?'

Ik, twintig jaar oud, vergat zoals altijd subiet wat ik wilde. Zo was het gegroeid. Simpelweg te laat.

'Jongeman, zeg het maar.'

Zijn stem – klonk die sardonisch? – was luider dan strikt noodzakelijk. Hoofden draaiden mijn kant op, lijven weken. Het was onbeleefd iedereen te laten wachten, ik mompelde dat ik een half volkoren wilde. Niemand hield van mompelen.

'Bus of knip?' Met heldere stem – had mijn passieve instemming hem kracht gegeven? – wees hij dwingend naar de twee varianten achter hem. Toch leek iets in zijn stem vermoeid, om de vraag die hij noodgedwongen moest stellen, om mijn onvermogen de bestelling juist te plaatsen, om dit andere ritueel. We hadden allemaal wel ergens last van, zag ik in zijn ogen die, zoals ik ze kende, geen mededogen of twijfel verrieden. De vrouw naast me staarde opzichtig. Fatsoen verbrokkelde rond verwarringzaaiers. Ze vroeg zich af wie zich hier vergiste. Wie hier eigenlijk wie voor de gek hield. Hoe ik dit ging oplossen, hoe de bakker dit zou oplossen. Of iemand iets ging doen. Of zij iets zou doen. Nee, dat zou ze niet. Ze wachtte, gretig.

Bus of knip. Dit ging over de vorm van de rug van mijn brood. Antwoorden dat het niet uitmaakte, schiep alleen maar meer verwarring, dat had ik al eens geprobeerd. Een helder antwoord was gewenst. Enkel ik kon iedereen verlossen uit dit schaduwgebied, ik zou kiezen voor bus. Ik keek hem aan.

'Je weet dat ik geen jongeman ben.' Ik fluisterde.

'Knip?' De bakker, onaangedaan.

'Je weet dat ik geen jongeman ben.' Een schappelijk volume, want de mensen draaiden zich weer naar mij om, de bakker knipperde met zijn ogen.

'Ik ben geen jongeman en sodemieter op met je bus of knip!' Ik graaide naar een zak zachte bollen en kneep de middelste fijn. De lucht in de zak bolde aan weerszijden van mijn hand gevaarlijk op. Mijn vuist was wit uitgeslagen, ik hoorde zacht lucht ontsnappen. Ik gooide het verslapte ding op de vieze vloer en beende weg, volgelopen oren, wasem op mijn netvlies. Klingelend sloeg de deur achter me dicht.

Buiten ademde ik regen. Vanaf nu at ik wel rijst.

In de war, omdat ze altijd met meer waren en overtuigend, met hun onafgebroken stroom van corrigerende blikken. Ze wisten het zo zeker. Die domesticatie hoorde er nou eenmaal bij, ik zag het om me heen, ik was heus niet de enige. Er was een moment dat ik stopte ze ongelijk te geven (want met dat korte haar, dan vraag je er toch ook om?). Hun stem werd de mijne, door hun blik zag ik mezelf. Maar nooit van harte.

Iets laat zich niet vermurwen. De zak met erwtenzaad ligt lekker zwaar in mijn handen. Natuurlijk ligt mijn sympathie bij de afgedankte stiergod maar de erwten lieten zich uiteindelijk ook maar half temmen. Ik loop naar de inpaktafel waar lege zakken liggen. Het voorval met de bakker was anarchie op de vierkante millimeter. Met een lege zak loop ik terug naar het erwtenschap, snijd met mijn mes de zak open en giet een pond zaden in de lege. Nauwkeurig schrijf ik de gegevens over.

Terug in mijn kantoor leg ik de zaden naast de steen en loop door naar de boekenkast. Ik trek het boek over de neolithische revolutie tevoorschijn en vind al bladerend bewijs van wat ik me al dacht te herinneren: negenduizend jaar geleden verscheen er een god in een steen. De mensen die de kei heiligden, waren de eerste boeren. Zij dresseerden het gras van de steppe in graan, ze zaaiden, oogstten en zwoegden. Niet eerder waren ze zo machtig geweest. Voor het eerst in de geschiedenis waren zij het zélf die de overvloedigheid van hun gewassen bepaalden. Zij, en hun aanbeden stenen god, want ze geloofden in een heilig midden waar alles samenkwam. Eenkoorn, emmer, erwt en vlas deelden een overeenkomst met hun stenen hoeder: tweeslachtelijkheid.

In de lunchpauze is er taart. Vorige week werd een van mijn collega's vader. Hij glimt, we feliciteren hem en vragen naar bijzonderheden. Dan ontrolt zich het geijkte gesprek, over de verbluffende universaliteit van de aangeboren natuur. Verbaasd beaamt iedereen dat het echt zo is, je kunt kinderen alles aanbieden maar jongens spelen nou een keer liever met auto's en meisjes met poppen. De wereld is godzijdank in orde, klinkt opgelucht door in hun lachen en ze delen anekdotes over zichzelf of hun kinderen. Ik niet, maar dat betekent niets. Dat weet ik al heel lang. Aan overduidelijke universaliteit moet je niet tornen. Ik zou de idylle maar verstoren, ik zou er iedereen maar ongemakkelijk mee maken. Een stilte zou vallen, men zou in de verte staren. Iemand zou het gesprek over een andere boeg gooien. Bovendien, hoe leg je dat uit, dat je je meer verwant voelt aan een erwt of een steen? Zeg je dat tegen je collega's die op vrijdagmiddag ook maar een goedbedoeld praatje maken, omdat er eentje vader werd? Ik kijk naar buiten. De trekker sukkelt in lussen over het land. Als vlooiende apen zoeken we bevestiging. We vertellen elkaar onze verhalen zo vaak dat niemand meer weet wie ermee begon. Of er consensus is. Of de inhoud er sowieso toe doet. De verhalen behoren tot ons erfgoed. Erfgoed trek je niet in twijfel. Ik schuif het lege taartschoteltje van me af.

'Meer thee?' Vincent kijkt me vragend aan.

Ik schuif mijn stoel naar achteren en sta op. Vincent kijkt verbaasd omhoog. Ik sta net zo lang totdat het stil wordt.

'Ik neem ontslag.'

4

De twee mensen klommen uit de spilleboom. Ra waadde terug naar de kant, het hoofd geheven. De jonge vrouw riep: wat gaf jij aan de stier, vreemdeling?

Zes, riepen sommigen van ons ontdaan. Niet meer dan zes generaties geleden deelden jullie een moeder! Niemand! In de verste verte is hier een vreemdeling. Het wende nooit, het gemak waarmee zij hun zusters en broeders vergaten. Maar wij weten dat het vergetelheid is, die onze nazaten typeert, dat ze die verdoezelen met klinkende verhalen. De grootste fantast is de baas. Het is een vermogen, het is een vloek, want het verenigt en verdeelt.

Ra wist dat er geen weg terug was. Dat wat ze al vele dagen op haar lijf droeg, voorzichtige druppels water gaf en met haar lijf beschermde, was gezien. Ze haalde het pakketje tevoorschijn. De twee mensen bogen dichterbij. Ze verwachtten een talisman van het been of de tand van een machtig dier, een brokje zout, een setje geregen schelpen, die waren kostbaar hier in het binnenland, een bijzonder gevormde steen desnoods, obsidiaan of oker. Wat Ra vasthield was een tiental gedrongen plantjes, de wortelkluitjes zorgvuldig verpakt in een koker van soepel leer, gevuld met natte wol. Meer had ze er in haar vlucht niet kunnen redden, al het zaad in de opslagschuur was verbrand. Erwtenplanten, zei Ra, de zaden kun je eten. De twee mensen staarden haar aan. Ik gaf het om hem af te leiden. Nee, onderbrak de jongeman haar. Nee, zo hebben wij het niet gezien. Zijn mes had hij weggestopt.

De kudde schapen liep voorop, daarachter de drie zwijgende mensen. Het laagland rond de rivier, met het kniehoge gras en riet, maakte plaats voor akkers, mensgemaakt land. Dit volk van boeren kende zijn plaats en verschanste zich achter de rivierduinen. Ze wisten dat de stroom niet kwaadaardig was, wanneer zij in de winter haar uitgesleten bedding verliet. Met haar kolkende lichaam nam ze dan land. Haar geen strobreed in de weg leggen, dat was het beste. Ze gebruikten het fijne slik dat zij achterliet op haar aangedikte winterflanken. Met hun batsen gemaakt van runderbeen, schraapten ze de zachte laag eraf en verzamelden het in waterdichte manden, verhoogden er hun akkertjes mee.

Ra herkende het smalle, grasachtige blad van eenkoorn, gerst en emmer. De bloeiaar in aanleg toonde zich stijf en kort in het hart, het groen nog gulzig en diep. Enkele gebukte mensen schraapten als poetsvisjes de onkruiden van hun velden. Ze keken verbaasd op, Ra dook iets dieper in haar kap. De velden hielden maar niet op. Eindelijk bereikten ze het ommuurde dorp. Overal waar je keek: ronde huizen met platte daken en lemen muren, ertussen kronkelende stegen. Een hechte geur van rook, lichamen en pis drong zich op. Mensen zaten buiten rond vuurtjes, klopten hun stenen werktuigen scherp of maalden graan. Op de dorpsmuur renden kinderen. Een vrouw schraapte het opgespannen vel van een hert schoon. Ernaast speelde een kleuter met wat houtjes. De jonge vrouw die haar 'vreemdeling' had genoemd en die zich had voorgesteld als Bes, wenkte. Ze volgden het pad naar links en kwamen bij een kraal. De twee openden een hekwerk van scherpe staken en dreven de schapen naar binnen. Drammerig blatend eisten ze loon voor hun volgzaamheid. De trog werd gevuld met wat hooi en geplet graan. Ra keek om zich heen. Zoveel huizen bij elkaar had ze nog nooit gezien. Een groepje kinderen rende joelend voorbij, ze kromp ineen.

Ze liepen verder het dorp in en hielden halt voor een huis. De jongeman met het mes, genaamd Fern, riep iets naar binnen. Zijn bokkige geur ging hem voor, daarna verscheen de oude, gedrongen man zelf van achter het leren voorschot. Fern knikte Ra's kant op en zei: hij spreekt onze taal. Hij, dacht ze verbaasd.

Ja, dachten wij en dat we haar verbazing snapten. Jezelf kun je niet zien. Maar aan iedereen die net zo verbaasd is als zij, stellen we voor: ga anders zelf eens dagenlang over de steppe zwerven. Met alleen je kap en je voeten. Verjaag wolven, eet wortels rauw. Wees op je hoede, omdat er niemand met je waakt. Alle fantastische verhalen ten spijt. Het zijn niet je voorouders die naar de jakhalzen schreeuwen of stokken gooien. Er is een stenen god, maar die is stom en verhoort geen gebeden. De steppe – niemand anders – tekent je gelaat. Haar stof vult de groeven in je gezicht, haar wind etst serieuze rimpels, slijpt zachte kaaklijnen scherp, haar verte traint het lichaam alert, het lopen recht en het kijken direct. Het is haar taaie volharding die je verlost van alles wat ooit frêle dacht te zijn. Maar je spreekt hun taal dus je bent een mens, nog steeds. En een mens is een man, in menselijke ogen. En trouwens, vertel me eens, zijn er andere ogen? Voilà, je bent een man, vanaf vandaag.

En omdat hij onze taal spreekt, herhaalde Fern, is hij er een van ons. De man keek naar Ra, zonder met zijn ogen te knipperen. Hij zocht houvast en als hij het al was, verbaasd, dan liet hij het niet merken. Nou en? Ongeduldig wreef hij in zijn handen. Ze hadden meer. Het was niet alleen Ra's taal en donkere blik. Bes vulde aan: hij heeft planten die wij niet kennen. Haar 'hij' klonk minder als een uitgemaakte zaak. Ze vertelde over de stier, een enorm woest beest, die het op Ra had gemunt. Hoe hij Ra de rivier in had gejaagd en hoe hij uiteindelijk het dier bezwoer, met een enkele plant. Dat hadden zij gezien. Dat de stier de gift duldde, het opvrat en hem, Ra, toen kuste. Fern en Bes knikten begeesterd. Er hadden zich mensen om hen heen verzameld. Een stier bezweren, dat was nogal wat, fluisterden ze. Dat kon niet iedere man.

De oude man spiedde om zich heen. Planten? riep hij. Laat eens zien, hij opende een hand. Ra haalde voor de tweede keer vandaag het pakketje vanonder haar kleed. De mensen bogen dichterbij en staarden naar het grijzige groen, de kriebelige blaadjes, gedrongen steeltjes. De oude man keek haar vragend aan. Erwtenplanten, zei Ra en ze herhaalde dat je de zaden kon eten, lepelde een complete teelthandleiding op, het rijshout dat ze nodig hadden, het water, het klimmen en bloeien, het rijpen van de vruchten, uiteindelijk, als de zon op zijn hoogtepunt was, terwijl ze razendsnel de ontstane situatie probeerde te begrijpen. Ondertussen staarden de mensen haar aan alsof ze een geestverschijning was. Een stier bezweren, ongelovig schudden ze zacht het hoofd. De oude man liet zich niet kennen, hij was goed bekend met de andere wereld. Hij legde een hand op Ra's schouder en klopte toen met zijn andere op zijn hart. Hij stelde zich voor als de Waker.

Wacht. We merken dat je afhaakt. Daar hebben wij heel toevallig een zesde zintuig voor, wij zijn niet voor niets de voorouders, weet je nog? Juist. Ook die van jou. We hebben gemerkt hoe je je inspande, je verbaasde, je afvroeg wie die Ra nou was, hoe ingewikkeld kon het zijn en direct daarna, om ervan af te zijn: wat deed het er eigenlijk toe? Je geduld is op. Vermoeidheid slaat toe. Je verpakt je verwarring, hernoemt haar als verveling. Vlees noch vis, dit verhaal gaat jou niet aan, het is voor anderen bedoeld. Je stelt je progressieve zelf gerust. De ander is verward, niet jij. Het is niet dat je geen compassie voelt met die ander, dat weten wij wel, heus. Wij vinden jou ook heel vooruitstrevend. Maar wacht nog even, vertrouw ons. Wat hier gebeurt, blijft tussen ons, beloofd. Dit gaat ook over jou.

Luister naar wat eraan voorafging. Want van hen zul je het niet horen, zij zijn het zogezegd vergeten. Het begon allemaal zo'n vijfentwintig generaties geleden. Sommigen van ons, nomaden, streken neer in deze vruchtbare vallei. De ijstijd liep ten einde en hier verzamelden en aten we zaden van de overvloedige aantallen wilde grassen. Net als de dieren waren mensen altijd vertrokken wanneer het eten op was. Maar hier verleidde de overvloed ons tot wat geen mens of mensachtige de afgelopen twee miljoen jaar had gedaan: we bleven. Wij, Natufiërs, bouwden huizen en werden sedentair. Want de overvloed leek niet alleen oneindig, maar kon zelfs worden opgeslagen. Daar had je een vast adres voor nodig. Ons aantal groeide. Ondertussen schommelde het klimaat en nam het aanbod wilde granen net zo onaangekondigd weer af. Maar er was geen weg terug. We waren met te veel, zoveel voedsel konden we nooit meer rondtrekkend bij elkaar sprokkelen. Als dikke ratten zaten we in de val. Enkel iets revolutionairs zou ons redden. Dus dat is wat we deden. Voor het eerst werd land ontgonnen, vrijgemaakt van oneetbaar groen, daarna doelbewust ingezaaid met de zaden die wij aten en hadden verzameld. We stuurden, manipuleerden, verzorgden. We werden boer. Niet uit vrije wil maar noodgedwongen.

Maakbaarheid is geen modeverschijnsel, zij is reeel en ligt ten grondslag aan de ontdekking van de landbouw. Geboren als enige uitweg uit tegenslag, op een aantal plaatsen in de wereld en hier, in de gouden bocht van de Levant, het allereerst.

Dit alles ging zo geleidelijk dat wij het in onze erbarmelijk stoffelijke staat ook eerst niet merkten. Niet zagen hoe ons ego groeide, hoe de planten die we zaaiden veranderden, hoe alles zich anders gedroeg, hoe we het gras van de steppe, feitelijk per ongeluk, temden. Op een dag verbouwden we graan.

Boeren zijn niet aantoonbaar gelukkiger of gezonder dan nomaden. Ze zijn wel met meer. Want zie hoe we zwoegden, graan dorsten, elke dag de korrels maalden met stenen vijzels, hoe we hekwerk maakten, sikkels slepen, onkruid wiedden, regels trokken, er zaad in zaaiden en vertrouwden. Na al dat werk, altijd maar weer vertrouwden we dat het zaad zou kiemen. Wat het deed, het kiemde en dan begon alles weer van voren af aan. We werden er goed in, dat boeren, en niemand van ons werd ooit aantoonbaar ouder, we gingen nog altijd bij bosjes dood. Maar lang voor ons overlijden hadden we al kinderen gekregen, een heel stel. Dus weer breidde ons aantal zich uit.

Hier zijn we nu, in dit dorp dat uit zijn voegen barst, al het land eromheen is in gebruik. Een aantal droge jaren op rij, er dreigt onrust en voedseltekort, aanlopertjes zijn ongewenst.

Iedereen, ook Ra, keek naar de Waker die na het noemen van zijn naam langdurig zweeg. De mensen schuifelden, Bes en Fern begonnen te vrezen dat ze een fout hadden begaan. Ze hadden dit steppewezen niet mee moeten nemen, het ongetemd daar moeten laten waar ze het hadden gevonden. De Waker verdween naar binnen. Ra keek om zich heen, vroeg zich af of dit een moment was om te vluchten.

Binnen in het halfduister schoof de Waker de huid weg voor de nis, die ingericht was als schrijn. Een steen, ter grootte van een pasgeboren lam, zoog al het spaarzame licht op. Moedersteen, fluisterde de Waker. Hij drukte een kus op zijn vingers en bracht die over op haar borst, daarna zakte hij op zijn knieën. Hij stuurde zijn gedachten naar de vreemdeling, die gekust was door een stier, onmogelijk maar waar. Wegsturen kon niet meer, dacht hij, de stier een heilig dier. Daarbij, deze mens bracht een nieuw gewas en zijn volk had honger. Er stroomde genoeg boerenbloed door zijn aderen om dat op waarde te schatten. Maar de vreemdeling leek ongrijpbaar, niet van deze wereld misschien. Was hij gestuurd door de voorouders, of was het een valkuil, wat dacht zij?

De Moedersteen zweeg. Niet uit onwil, misschien

zelfs niet uit onvermogen, vermoedden wij.

Hij greep haar met zijn beide handen, de slanke staak die haar hoofd was, daaronder twee welvingen. Dacht aan de onschuld van zijn volk, zijn taak. Maar dat het onheil hen dit keer zou nekken, als hij de tekenen verkeerd vertaalde. Als hij een bedrieger binnenliet. Wanhoop zou hem niet helpen, realiseerde hij zich en stokte.

Wij spitsten onze aandacht. Denk het dan. Denk dan wat je al veel langer weet. Denk het ongekende. En hij deed wat wij hem opdroegen, hij dacht: Wat als hij is als jij, Moedersteen. Wat als hij samenbrengt wat de mensen verdeelt. Wat als hij beide is?

Nu werd het interessant.

5

Langs fluitende populieren en scheve wilgen lopen Werner en ik naar het bezoekerscentrum. Ze verkopen er pluchen uilen, kinderkompasjes en vogelgidsen. Ik ben voor het eerst in de Oostvaardersplassen en ik hoop op een bever, een vos of een waterral, die maden etende engerd die ik me uit de documentaire herinner. Het is zaterdag maar niet druk, de medewerkster achter de balie neemt alle tijd om ons de wandelkaart te tonen. De zesenvijftig vierkante kilometer is grotendeels ontoegankelijk voor publiek, maar in een paar aangrenzende gebieden is een korte wandelroute uitgezet. Vogels zijn hier personages: koning zeearend is vorige week gespot en als we geluk hebben zien we ijsvogel. Werner, de vogelaar van ons tweeën, luistert geboeid met een hand op zijn dure kijker en vraagt naar locaties en namen.

We drinken koffie op Scandinavisch meubilair

en kijken door het dubbelglas naar het afgeknaagde grasland, de zorgvuldig door groot wild afgepelde stammetjes, sponzig dood hout, bramen en poelen. Een gedresseerd panorama, omlijst door duurzaam hardhout. Het is bijna hoorbaar, hoe er van me wordt verlangd dat ik een bijzondere natuurervaring beleef, dat ik de woestheid – en is die hier niet ruim voorhanden – apprecieer, dat ik door de sluier van bestemmingsplan, meningen en doelsoorten heen kijk, dat ik iets van het begrip en de complexiteit van 'nieuwe natuur' vind.

'Dit is feitelijk een eiland, Elke!' Werner grijnst. Als ecoloog heeft zijn fascinatie voor eilanden ons al eerder op wonderlijke locaties gebracht. Ik kijk naar het zoekende grijs in zijn baard.

'Niet geïsoleerd door oceanen, maar door hekken,' vervolgt hij, 'het effect is vergelijkbaar. Natuurlijk, niet iedereen spoelde hier per toeval aan, zoals op eilanden soms gebeurt. Mensen introduceerden grote grazers. Maar die kunnen nu onmogelijk weg, zoals de zee op een eiland een barrière vormt. De vogels juist wel en buiten de vos zijn er geen grote roofdieren. Isolatie en het ontbreken van predatie: een eiland op het vasteland.'

Voor toeval is hier inderdaad weinig ruimte, denk ik. De heckrunderen en konikpaarden zijn hier ooit in veewagens naartoe gebracht en kunnen niet weg, ze passen niet door de mazen van het hek. Hekwerk waar mensen gedegen onderzoek naar hebben gedaan: hoe hoog, welke maaswijdte, hoeveel palen om de hoeveel meter, welk materiaal. Wat er binnen die hekken gebeurt, daar is nog niet iedereen het over eens, maar dat het hekwerk standhoudt, staat vast.

'Jullie ecologen en natuurbeschermers zijn in ieder geval geen sociologen,' merk ik op. 'Zoiets houd je toch niet verborgen, zeker niet na die documentaire. Onbegrijpelijk. Natuurlijk hebben de mensen er daarna een mening over.'

Werner schudt zijn hoofd, in publieke opinie is hij inderdaad niet geïnteresseerd. Er had zich een dynamisch evenwicht kunnen vormen, beweert hij, waarbij de aantallen dieren per seizoen en per jaar weliswaar zouden fluctueren maar over de gehele linie min of meer gelijk bleven. We vinden de geboorte, het spelen, vreten, baltsen en paren een vrolijk gezicht. Het uitgehongerd lijden en sterven in de winter niet. Dat roept verkeerde associaties op.

'Mensen staren zich blind op het moment, op het individu. Wat ontbreekt is tijd. Tijd waarin soorten zich naar elkaar en het landschap kunnen vormen. Tijd om geijkte vormen los te laten.' Want die vorm, vervolgt hij, lijkt wild, maar is dat allerminst. Het heckrund, bijvoorbeeld, werd door de Duitse gebroeders Heck in de jaren dertig gefokt om te lijken op het uitgestorven oerrund dat ooit Europa bevolkte. De broers hadden sterke banden met het nazisme. Het zal geen toeval geweest zijn dat de extreemrechtse, boreale fantasie uitstekend werd gediend met dit dier. Göring liet ze grazen op zijn jachtgebied. Hetzelfde geldt voor de koniks, ook gefokt om op hun wilde voorouder, de Tarpan, te lijken. Dit allegaartje halfwilde lookalikes in hun halfwilde wereld kan er niets aan doen. De laatste stap ontbreekt: ze werkelijk loslaten. 'De eilandolifantjes krompen ook niet in een paar jaar,' eindigt hij.

Ik kijk naar hoe hij zijn handen gebruikt tijdens het praten, de ruimte die hij ertussen laat, ruimte waarbinnen ik zou passen. De koffie is op, we lopen naar de uitgang. Zijn fanatieke vingers omklemmen de deur, de nagels afgebeten tot op het vlees. Bespelers van snaarinstrumenten herken je aan de korte nagels van ten minste één van de handen en, weliswaar onzichtbaar, het eelt. Ik speelde een blauwe maandag gitaar en herinner mij nog de pijn in mijn vingertoppen. Die toppen, bedoeld om het allerkleinste te voelen, een korstje, dons, hitte, ontwikkelen door de voortdurende druk op de scherpe snaren eelt. Ze worden ongevoelig.

Ik hoorde Werner eerder spelen dan dat ik hem sprak en zijn spel kon je niet van ongevoeligheid betichten. Het was ijverig, vol. We ontmoetten elkaar in een studentenorkest. Hij was nieuw en vulde met zijn postuur de hele deuropening van ons repetitielokaal. Door zijn lengte, want verder bestond hij uit niet meer materie dan strikt noodzakelijk. Lichtvoetig, alsof hij niet een cello maar een altviool droeg, liep hij naar de hem aangewezen plek naast de dirigent.

Na de repetitie verzamelden we als altijd in het café. Werner ging naast mij zitten en tikkend met die getergde vingers van hem, merkte hij op zijn beurt grijnzend op dat ik klarinet speelde alsof het een trompet was. Gretig en luid. Zijn ogen kaatsten tussen mij en de ruimte. Ik zocht nogmaals zijn blik, maar vond die niet. 'De klarinet heeft een minderwaardigheidscomplex,' antwoordde ik gespeeld gewichtig. 'Hij heeft van alle instrumenten de menselijkste stem, dat vond Mozart al. Maar je hoort hem enkel als je hem zoekt, het is een blender. Tenzij,' ik prikte een vinger in de lucht, 'hem de hoofdrol wordt gegund.' En ik vertelde dat ik dat lange tijd had gewild: het klarinetconcert van Mozart spelen. Dat ik na de middelbare school serieus had overwogen om naar het conservatorium te gaan. Maar ik had weinig aanleg voor het eindeloos oefenen van snelle loopjes of staccato in het hoge register. Mijn hoofd leerde sneller dan de rest van mijn lichaam, een storende discrepantie.

Ik had dit allemaal nog nooit in zoveel woorden aan iemand verteld. Omdat ik me schaamde dat ik ergens goed in wilde zijn. Iets goed kunnen werd makkelijk verward met ergens beter in zijn, beter dan anderen. Dezelfde reflex verklaarde de neiging mijn vocabulaire af te kalven, zoals ik ook afwijkende interesses en muzieksmaak verpakte met het gewenste. Mijn offer, om tegemoet te komen.

Dat Werner liever uit de pas liep, had ik goed aangevoeld. Hij bracht in dat hetzelfde van de cello werd gevonden, dat die kon zingen als een mens. Wat zei dat over ons, vroeg hij zich af, al die camouflage?

Waarom zongen we niet zelf? Hij lachte.

Na verloop van tijd wenden we aan Werners overdadige vibrato's, die hij ook speelde wanneer ze niet in de partituur stonden. Als onze dirigent voor de zoveelste keer het spel stillegde, glimlachte hij welwillend. Niet om zich te verontschuldigen, maar omdat hij haar mocht. Hij speelde met zijn hele lichaam en nooit om de beste te zijn. Hij werd al gezien. We raakten bevriend.

Aan weerszijden van de laan staan witte populieren, hun grillige bast onderbroken door enkele gladde, lichtere banden. Ze zijn de eerste, vermoed ik. Aangeplant, direct na de drooglegging van Flevoland. Ze lijken oud, maar groeien gewoon hard. Na een jaar of tweehonderd, maar vaak eerder, is het op. Tijdens een willekeurige voorjaarsstorm knakt hun waaihouten stam als een ijsstokje, wit en scherp.

We vinden het eerste paaltje van de wandeling. De Oostvaardersplassen als eiland, ik had het kunnen weten. Werners fascinatie begon met olifanten die, zoals hij me ooit vertelde, verrassend vaak en in verdwergde toestand het fossielenbestand van diverse eilanden bevolkten.

Niet lang na onze eerste kennismaking belandden we in een onderaardse club. Eerder op de avond hadden we een uitvoering gehad. Andere orkestleden was ik inmiddels kwijt.

'Stel je voor,' tetterde hij in mijn oor, 'hoe die moedige dieren met enkel de geur van groenvoer in de slurf, zeestraten overzwommen!' Hij kneep begeesterd in zijn halfvolle plastic beker met bier. Ik zag olifanten uit natuurdocumentaires voor me die als bonkige kinderen met de kop vooruit in poelen plonsden. Maar een zee zonder einde, stompe voeten zonder vliezen, dat was iets anders. De muziek dreunde. Er hing een tastbare damp van zweet en sigarettenrook. Mensen maakten zich los van de muur, ze dansten. Op dit moment klopte alles, zeiden hun lichamen, leek alles zinvol, was er niets om aan te denken, het brein een tevreden vlakte. Achter Werner zag ik een meisje met een paardenstaart. Ze danste alleen. Plots hing Werners lichaam zwaar tegen me aan, iemand had hem in het voorbijgaan tegen me aan geduwd. In een reflex had hij zijn arm om me heen geslagen. Die bleef daar liggen.

'Elke! Zwemmen zonder dat je weet waarheen, of je ooit ergens aan zult komen. Sommige spoelden dus min of meer toevallig aan op tropische eilanden, sloegen aan het grazen en', de rest verstond ik niet. Dat schreeuwde ik in zijn oor. Het meisje achter hem keek eindelijk op, ze glimlachte. Werner ratelde verder, over roulettedispersie, mijn oorschelp werd vochtig. Een geweldig begrip, vond hij, en hij klopte op mijn borst, ter hoogte van mijn sleutelbeen. Het beschreef het onvermijdelijke toeval waarmee de vestiging van soorten op eilanden gepaard ging. Maar, nuanceerde hij, apen en eilanden bijvoorbeeld, gingen slecht samen. Apen hielden niet van water. 'Waterhaters!' schreeuwde hij, toen ik weer gebaarde dat ik hem niet verstond. We keken elkaar aan en ik zag dat er iets uit zijn ogen was gevallen. Ze waren naakt. Zijn vingers op mijn schouder bogen nauwelijks merkbaar naar binnen en dwars door mijn shirt voelde ik het voelen van de toppen. Ondanks zijn cello-eelt. Ondanks ons verbond, wie we hoorden te zijn. Ik dacht aan zijn cello die groot en hol ruimte stond in te nemen in de garderobe. Een logge paradijsvogel. Mijn compacte klarinetkoffer ernaast. Hij boog mijn kant op en ik dook opzij, redde ons met een omhelzing.

'Je bent dronken,' zei ik obligaat. Zijn hele lichaam omklemde het mijne, ik voelde het krimpen onder zijn zucht. Zonder me aan te kijken, liet hij los en beende naar de wc. Stom keek ik hem na, het geïmplodeerde resultaat van boosheid en gêne. Boos om zijn krukkige poging, die ouder dan de jaartelling was, gegeneerd om mijn even zo oude afwijzing, boos om mijn gêne en gegeneerd om het naakte in zijn ogen, dat ik niet wilde, dat niet voor mij was bestemd. Het meisje met de paardenstaart lachte nogmaals. Ze spiegelde mijn houding, kennelijk stond ik met mijn handen in mijn zakken. Ze kwam dichterbij en wees met haar kin naar beneden. Zó, zei ze, en een pluk haar ontsnapte uit het elastiek en viel tegen mijn wang, kon niemand dansen.

De heckrunderen zijn door mensen gefokt naar een idee, naar iets wat ze zelfs nooit in levenden lijve hadden gezien, want het oerrund was ook in de jaren dertig van de vorige eeuw al meer dan driehonderd jaar uitgestorven. Een gefokt dier is net als een veredeld gewas het product van een gearrangeerd huwelijk, een door mensen gestuurd voortplantingsproces. Een wild dier is dat per definitie niet. De gebroeders Heck fokten een herkauwer die moest lijken op het enige dat nooit door mensen gefokt kon worden.

'Dit wildpark is dus gewoon twintigste-eeuwse natuurkitsch,' grijns ik, tevreden dat ik eindelijk mijn ergernis kan benoemen. Werner kijkt wat getergd opzij, dus vraag ik of hij denkt dat het kan, of deze dieren hier werkelijk kunnen verwilderen.

'In theorie natuurlijk!' roept hij uit. 'Dat bewijst de verdwerging en verreuzing op eilanden.' Hij weidt uit over de stegodonten, voorouders van de moderne olifant, die lang geleden op een uiteenlopend aantal eilanden belandden. Ze spoelden aan en soms kwamen ze gewoon te voet, over drooggevallen landbruggen. Maar ze zouden allemaal in de loop van duizenden jaren onafhankelijk van elkaar verdwergen. Op eilanden waar groenvoer niet oneindig beschikbaar was, bleek het zinniger te zijn een klein lichaam te hebben. Als kleine stegodont had je minder voedsel nodig voor groei en onderhoud en de belangrijkste reden om groot te zijn was op een eiland afwezig: roofdieren. Deze moesten aan wal koste wat kost ontgroeid worden. Want wie de grootste was, werd niet bejaagd. Op eilanden waren geen predatoren, simpelweg omdat er te weinig prooien waren. Zo verdampte de druk om enorm te zijn en ontstonden er in de gemoedelijkheid van verschillende eilanden dwergstegodonten.

Pygmee-olifanten. Omgekeerd gebeurde er hetzelfde. Want ook ratten bijvoorbeeld, veranderden onder invloed van het ontbreken van predatiedruk. Snelheid in vluchten, verstoppen en geslachtsrijp worden was geen topprioriteit meer. Dus groeiden ze generatie na generatie steeds groter, eindigden als logge reuzeratten. Verdwerging en gigantisme zijn bekende eilandverschijnselen. Het is de context die de vorm bepaalt.

'Had je door hoe ik net in het bezoekerscentrum onder de ogen van de baliemedewerker transformeerde in "de vrouw van"?'

'De vrouw wat? Je ziet te veel. Die mensen hebben toch wel wat beters te doen.'

Maar ik weet wat ik zag. En het voelde makkelijk, comfortabel. Ik veracht mezelf daarom. Werner weet niet beter dan dat hij een man is die een 'de vrouw van' aan zijn zijde heeft. Dat wat je kent, zie je niet. Hij is onschuldig. Het is die eeuwige vanzelfsprekendheid die hem omringt waardoor ik destijds voor het eerst realiseerde dat ik meer wilde dan ergens goed in zijn. De mensen hadden toch gelijk. Ik wilde inderdaad niet alleen goed, maar beter zijn dan anderen. Ik aasde, anders dan Werner, op bewondering. Uitzonderlijkheid als overlevingsstrategie. Want alleen op veilige hoogte zou ik immuun zijn voor uitstoting. Je bent niet zoals wij, hoorde ik fluisteren, je ziet er anders uit, je gedraagt je zo raar. Wil je niet op ons lijken, hou je niet van ons? Dan houden wij ook niet van jou. Het tegengif was bewondering. Iets wat ik gek genoeg enkel kreeg door me daadwerkelijk los te maken, door beter te zijn. Op een bescheiden manier, uiteraard, dus bij winst glom ik niet te hard. Ook werd me al snel duidelijk dat écht talent zich terloops hoorde aan te dienen. Een onvermijdelijkheid, in de schoot geworpen door God of de voorzienigheid, zodat het niet al te veel moedwil verraadde. Om de ander, met minder drift of discipline, niet voor het hoofd te stoten. Een talent als een ongevraagd mirakel, zoals de visioenen van Bernadette Soubirous.

'Speel je nog weleens cello eigenlijk?'

Hij schudt zijn hoofd, verklaart ongemakkelijk dat dat slecht te combineren is met een gezin. Ik knik, niet omdat ik de ervaring deel maar omdat het logisch klinkt. Tijd is schaars. Evolutionaire processen vragen duizenden ongestoorde jaren, een zeldzaamheid. Zoiets is de grote grazers hier in de Oostvaardersplassen niet gegund. Al jaren vormen ze het middelpunt van een emotionele discussie. In de winter is er te weinig voedsel en staan ze uitgemergeld langs de hekken het lijden uit te stallen. Onder druk van de publieke opinie wordt inmiddels een deel afgevoerd of afgeschoten. Maar volgend jaar kan de boel ook gedempt en strakgetrokken worden om de uitbreiding van Lelystad Airport te realiseren. Of men kan, na bloedig protest en nieuwe inzichten, het gebied juist drassiger maken in het kader van een ruimte voor de rivier-project, waarbij het effect van verdroging enerzijds en overstromingen anderzijds opgevangen wordt. In Nederland veranderen plannen sneller dan soorten. Waarmee wij misschien wel de grootste selectiedruk zijn.

'Ik heb ook geen tijd meer voor ecologie,' zegt Werner. 'Veel te traag. Het analyseren van evolutionaire processen in het verleden levert veel meer inzicht op.' Hij klinkt resoluut, stopt dan met lopen. Ik draai me om.

'Heb je weleens van Flores gehoord?'

Ik schud mijn hoofd. Onderdeel van de Indonesische archipel, vertelt hij en dat hij bezig is een studiereis te plannen. Omdat het een eiland is uiteraard, vanwege de bijzondere eilandfauna. Er zijn nog levende soorten, zoals de reuzeratten en enorme komodovaranen. Flores heeft zijn eigen uitgestorven dwergolifant. 'Maar wat nou als verdwerging zich niet tot dieren beperkt? Wat als *Gullivers reizen* zo fantastisch nog niet waren?' Een kleine twintig jaar geleden, vertelt hij, vond een Australisch team van wetenschappers op Flores oeroude, mensachtige botresten. Maar er was iets vreemds aan de hand. De botten waren klein, heel erg klein. Na onderzoek kwamen ze tot de verbijsterende conclusie dat het hier om wezens moest gaan die niet langer dan een meter waren. Geen aapachtigen, maar moderne mensen waren het ook niet, daar was de botstructuur te primitief voor. Daarom concludeerden ze dat het ging om een nieuwe hominide, een lid van onze familie. Al heerst hier nog steeds controverse over. Aangenomen dat ze het bij het rechte eind hebben, dan gaat het hier om een dwergachtig volkje dat nog tot in het vrij recente verleden op Flores leefde. Hoe recent, vraag ik. Tot minstens vijftigduizend jaar geleden, antwoordt hij en dat lijkt lang geleden – hij ziet mijn verbazing –, maar op de schaal van de evolutionaire geschiedenis van de mens is het niets.

Er staat me vaag iets bij van een Floresmens, misschien las ik er destijds een artikel over in de *National Geographic*. We volgen de paaltjes met de gele stippen. Aan weerszijden van het pad doet de natuur hard haar best wild te zijn. Ondanks de prullenbakken op goed afgestemde afstand, af en toe een picknickbank. Dode bomen zijn nadrukkelijk niet opgeruimd, ernaast staan frisse bordjes met uitleg.

'Dit is iemand aan wie we nauw verwant zijn,' vervolgt hij, 'iemand met wie onze directe voorouders misschien zelfs ooit het eiland deelden. Maar hoe kwamen ze zo klein?' En hij schetst een situatie waarin een gemeenschappelijke, archaïsche voorouder – Homo erectus bijvoorbeeld, een voorouder met een gemiddeld postuur – tienduizenden jaren dáárvoor op het eiland arriveerde. Dit zou op zichzelf al fenomenaal zijn, het zou betekenen dat dit primitieve wezen de zee trotseerde. Flores, grenzend aan een diepe zeetrog, is namelijk altijd een eiland geweest, zelfs in het pleistoceen toen de zeespiegel weleens lager was. Eenmaal op dat eiland werkten de mysterieuze eilandkrachten op de kersverse eilandbewoners in waarna ze langzaam maar zeker verdwergden. Totdat ze uiteindelijk deze nieuwe, onderscheidbare soort vormden: de Homo floresiensis. Verdwergd, samen met zijn prooi trouwens, dwergolifanten die het formaat van een koe bereikten. Die andere geliefde prooi, de reuzeratten, werden juist gigantisch. 'Een goede jager, de Floresmens.' Werner mijmert nog wat door over ongelofelijke hoeveelheden reuzerattenbotten, dat de reuzeooievaren er bijna twee meter hoog werden en dat het volkje zeer waarschijnlijk ook over vuur beschikte. Dat er bovendien kortgeleden resten van een hominide zijn gevonden op het Filipijnse eiland Luzon van wat inmiddels de Homo luzonensis wordt genoemd. Eveneens archaïsch en dwergachtig klein. Ik vraag waarom ze uitstierven. Hij haalt zijn schouders op. Misschien, oppert hij, door toedoen van mensen die zich precies rond de uitsterfdatum op het eiland vestigden. Misschien was het een vulkaanuitbarsting of was zijn jagen te succesvol, klimaatverandering, of iets waar we nog niet aan hadden gedacht. Maar alles wat klein is, heeft vijanden. 'Ik wil er een boek over schrijven, ik wil laten zien dat wij mensen niet immuun zijn voor verdwerging.' Hij morrelt aan zijn baard. Hoe makkelijk we ons verbazen. Want daar betrap ik mezelf op. Dat het kan, een archaïsche dwergmens van een meter. En het is de verbazing die bewijst hoe ook ik me vastklamp aan dat wat ik ken, aan huidige vormen. Alsof die onveranderlijk zijn en daarmee een absolute waarheid bewijzen.

Verderop staan borden met afbeeldingen van watervogels, eronder hun namen. Niets blijft ongezien. We lopen een vogelkijkhut binnen die grenst aan een plas. Op het water dobberen eenden of ganzen, ik heb geen zin het aan Werner te vragen. Gebukt voor de spleet tuurt hij naar de vogels. Ik snap die zee-arenden wel die zich ook vandaag niet laten zien. Ze verplaatsten stilletjes hun nest op het moment dat de documentairemakers pal tegenover hen het hunne af hadden. Je transformeert onder de blik van anderen. De materie verandert, in zekere zin voorgoed. Het bestaan van de Floresmens had iedereen, maar niet mij, moeten verbazen. Want ik deed er gewoon aan mee. Wat hier gebeurt, wat op Flores gebeurde, deed ik in de kas. Ik bepaalde wie zich voortplantte, zoals de gebroeders Heck dat in het verleden deden en de jagers nu. Zoals een eiland dwergmensen maakt, zo ontstaan ook groenterassen door isolatie. Mijn kruisingen leidden tot steeds zoetere pompoennazaten. Ik vormde. 'Precies hetzelfde,' mompel ik. Werner kijkt op van de plas. Ik vertel hem over de pompoen, dat het nieuwe ras waar ik en mijn team zeven jaar aan werkten, gelijktijdig door onze concurrent is ontwikkeld. Werner vraagt verbaasd wat ik nu ga doen. Ik haal mijn schouders op. Hoe vertel je over een oer-erwt?

'Ik heb ontslag genomen,' zeg ik.

Hij kijkt me aan alsof ik voor zijn ogen verdwerg.

6

'Jij blijft altijd zo dicht bij jezelf,' verzucht hij. Een dwergolifant, een curiosum, denk ik, dat is hoe hij me ziet. We lopen achter elkaar de hut uit. In de verte schuift een groep koniks het beeld in. Ze staan er wat verloren bij in dat kaal geknaagde ganzenland. Het concept van een uitgang is nooit bij ze opgekomen.

'Ze hadden hier beter een groep dwergpaarden uit kunnen zetten,' zeg ik. Het pad eindigt bij een schuin geplaatst wildhek. We verlaten het Oostvaardersplassen-gebied. Verderop ligt een omgezaagde boomstam, ik ga erop zitten. Werner volgt mijn voorbeeld. We eten een boterham.

'Heb ik je verteld over die date die ik laatst had?'

Hij schudt zijn hoofd en ik vertel dat de vrouw in kwestie me toevertrouwde dat ze dacht dat mensen in mij in eerste instantie een man herkenden en dan in tweede instantie in de war raakten. Hoe zijzelf eigenlijk alleen op vrouwelijke vrouwen viel. Ik voerde aan dat ik heel gevoelig was en niet van autorijden hield. En vroeg me in stilte af waarom ik me eigenlijk verdedigde. Ze schudde haar hoofd en voegde eraan toe dat ze, als ze naast me zou lopen, ongewild erg op zou vallen. Ik koos haar kant, ik snapte het wel.

Werner kijkt me verbaasd aan. 'Belachelijk. Als je je toch iets minder van iedereen aantrok. Dat is het enige verschil tussen jou en mij.'

Blindheid, denk ik, dat is het enige verschil. Zittend in het museumrestaurant met die vrouw was alles van daarvoor, het lopen door de museumzalen, het kijken naar de kunst en heimelijk naar elkaar, veranderd. Iedereen had gekeken maar ik had niet gezien wat zij zagen. Ik had ze verward.

Verderop speelt een tweetal honden, niet aangelijnd. Een grote hond met vlassig wit haar beweegt op losse poten en maakt kalfachtige sprongen. Zijn tegenspeler, een kleine hond, beweegt gecontroleerd. Het is een pikzwart dier, niet groter dan een flinke kat, met een snuit die spits toeloopt in een zorgelijk grijze punt. De grote witte slaat een voorpoot op de rug van de kleine en laat hem daar liggen, alsof hij op een bijzettafeltje leunt. Het kleine dier glijdt gedecideerd onder de poot vandaan. Een streep modder blijft achter op zijn rug. Dan rent de witte in clowneske sprongen om de kleine hond, zodat deze steeds moet bijdraaien. Tussendoor maakt de grote de typische hondenbuiging, waarbij achterpoten en staart gespierd omhoogwijzen en de voorpoten plat op de grond rusten. Als een opwindveer springt hij dan ineens weer overeind en de kleine hond die zich laat verrassen, beantwoordt uiteindelijk de buigingen. Er zit voorbehoud in zijn bewegen. Wanneer hij weer recht staat, buigt de staart direct in een slappe parabool naar beneden. Verderop klinkt geblaf, de witte hond draait zijn kop en de kleine maakt van het moment gebruik om zich uit de voeten te maken, zijn baasje achterna. Hij loopt niet hard, wel beslist. Rennen zou op vluchten lijken. De grote trappelt er halfslachtig achteraan, hapt naast de staart van de kleine, en in zijn achterpoot, speels. Het was toch een leuk spel? De kleine kijkt achterom, houdt af en toe zijn pas in, maar hij loopt.

'Ik kan uren naar spelende honden kijken.' Werner glimlacht.

Nu moet ik iets zeggen. Over die negenduizend jaar oude steen, een fallus met twee borsten, over de meerderheid en de minderheid. Macht en de grap, ongeacht onderliggende intentie. Het heersende paradigma dat natuurlijke orde veronderstelt, en omdat het heerst geen paradigma zegt te zijn maar natuurlijke orde en dat, natuurlijkheid, is het summum.

De kleine hond loopt door, wordt nog kleiner, raakt verstrikt in cirkelredenaties. Hij weet niet waar hij moet beginnen, dus houdt hij het ongemak maar voor zichzelf. Trouwens, hij heeft al zijn aandacht nodig om niet met de staart tussen de poten het toneel te verlaten. Kleine hond gaat al een tijdje mee, hij kent het klappen van de zweep. In deze wereld is hij afhankelijk van de acceptatie van grote hond. Die noodzaak, daar begint ongelijkheid. Dat hij dat weet en grote hond niet, dat houdt ongelijkheid in stand. Hij zal ondankbaar lijken, als hij die acceptatie bevraagt. Kleine hond is inmiddels een stip in de verte op het karrenspoor. Dat is het laatste wat hij wil, ondankbaar lijken.

De grote witte hond kijkt lodderig in onze richting en galoppeert dan op ons af. Hij duwt onbenullig zijn natte bek tegen mijn hand. Ik aai, hij werpt een vlugge blik, maar zijn werkelijke aandacht is alweer op een nieuwe hond gericht. Zijn staart slaat tegen Werners broek. Onder de warme vacht voel ik het hijgen van zijn schedel. Dan sprint hij weg.

We lopen verder. Misschien ging dit ook maar gewoon over spelende honden. Dan zegt Werner: 'Eigenlijk is dit fantastisch, dat je zoveel tijd hebt nu. Je kan met me mee! Eerst naar Flores, dan naar Luzon.'

'Waarom die haast?'

Zijn schouders hangen alweer. 'Ik ben die man geworden, Elke, die nooit zelf het besluit nam een hypotheek of een verstandige baan te willen. De sukkel die het overkwam, kinderen. Die niet snapt wanneer het begon, dat hij veranderde in dat meer dan levensgrote cliché.'

Mijn vriend, het tamme, weerbestendige konikpaardje.

Hij vertelt dat hij een nieuwe collega heeft, die hem ook buiten werktijd berichtjes stuurt. Leuke berichtjes die al een tijdje niet meer over werk gaan en waar hij iets te gulzig op wacht. Hij haalt een hand door zijn haar. 'Ik heb een reisbeurs aangevraagd. Als dat rond is, neem ik een paar weken onbetaald verlof. Ga met me mee. Dan ben ik ook even buiten haar bereik.'

Het irriteert me, zijn escapisme, hoe hij liever tussen dwergen en reuzen verkeert. Zijn gemak. Het wandelpad voert langs hekwerk, erachter ligt het ruige plassengebied.

'Wat moet ik op Flores?' Ik zoek zijn blik. 'Trouwens, wat hier misgaat heeft niet met tijd maar met draagkracht te maken,' zeg ik, nog steeds speurend naar door knaagtanden gekerfd hout. 'En die wordt overschreden. Te veel dieren op een te klein oppervlak.' Dit reservaat, dit 'eiland', zou zoveel beter af zijn zonder mensenogen. Mensenhandelen. Mensenmeningen. Dan konden die veel te grote grazers rustig uitsterven en werd het gebied weer voor wie het bedoeld lijkt: kleinere soorten met minder honger, die hier bovendien eenvoudigweg te voet, zwemmend en door de lucht aankwamen. Extinctie, dat is wat eilanden kenmerkt. 'Hekken, wie bedenkt dat ook,' voeg ik eraan toe.

Hij vraagt zich hardop af waarom ieder gesprek met mij eindigt in de Apocalyps, dat ik ons uit de natuur haal, van ons de eeuwige ander maak. En die ander is de boeman. 'Soms ben je verrassend antropocentrisch', en hij pakt zijn verrekijker, richt hem op een losgekomen vogel. 'We kunnen hekken plaatsen, soorten introduceren, andere bejagen, we kunnen het evenwicht verleggen, zoals deze paarden doen.

Door hun begrazing wordt geen boom hier volwassen. Maar de wetten zijn voor iedereen gelijk. Er is geen alternatief scenario. Alleen de context varieert.' Precies dat is de uitweg die eilanden bieden, volgens hem. Om specifieker te zijn: Flores, de omgekeerde wereld. Zijn stem klinkt nu opgetogen. Hier in onze wereld zijn mensen groot en is de natuur klein. Sinds de Watersnoodramp wordt de Nederlandse natuur grotendeels beheerst. Ingedamd, met dijken, kribben en hekken, hij wijst. Op het Flores van vijftigduizend jaar geleden waren de rollen omgedraaid. De mensachtigen waren er klein, net als de stegodonten. Maar de ooievaars, varanen en ratten waren gigantisch. Ik bedoel maar, eindigt hij, het kan dus wel.

'Hebben jij en Ilse al lang problemen?' vraag ik.

'Dat is het rare,' zegt hij, 'dat hebben we niet. Het is zoals Esther Perel het zegt: dat je bij een ander een vergeten deel van jezelf herontdekt. Dáár gaat de euforie over.'

'Euforie?'

'Het is niet dat ik het niet wil,' zegt hij zacht, 'een alternatief scenario', en dat hij had verwacht dat uitgerekend ik hem wel zou begrijpen. Zijn schouders hangen alweer, hij plukt aan zijn baard.

'Maar je pást zo goed', en ik gebaar om me heen. Beter dan ik, denk ik erachteraan. Ik voel er niets voor om de halve wereld over te vliegen en daar aangekomen de secondant in zijn vluchtverhaal te spelen. Toch is zijn gepraat over Flores niet zonder effect. De zaailing slaat aan.

Het was de zomervakantie dat ik voor het eerst kon lezen. Een woord als 'keuken' had voor mij geen geheimen meer. Hoe die twee letters, die zo verschillend leken, samengevoegd elkaars bestaan feitelijk ophieven, hoe die antagonisten konden mengen tot een nieuwe klank, een 'eu', daar kwam helemaal geen magie aan te pas, je hoefde het enkel te weten. En ik was ingewijd. Het was in die ontgrendelde staat dat ik op een van die vakantiedagen de telefoon opnam. Mijn klasgenootje, verwachtte ik, om te vragen waar ik bleef. Het was oom Filip. Ik gaf de hoorn aan mijn moeder.

'Hoi Filips,' zei mijn moeder, eerst nog jolig. Die 's' aan het eind kwam van mij. Als vijfjarige had ik hem een tijdje zo genoemd. Totdat ik het gelach eindelijk begreep. Zijn bijnaam bewees hardnekkig te zijn.

Mijn moeder zei niet veel, af en toe een wat, waarom, of waar. Ze hing op, vermoeid.

'Hij is op het eiland,' zei ze tegen mijn vader die in een korte broek de deur aan het schilderen was. 'Hij heeft dat huisje gekocht.' Mijn vader staarde mijn moeder aan en vroeg iets over geld, ze haalde haar schouders op, de handen geopend.

Ik zou daar later die middag niets over zeggen, tegen mijn klasgenootje, we zouden de buurt afstruinen, op zoek naar schatten in de vuilniszakken die aan de straat stonden, want op donderdagen was het de kunst om de kraakwagen voor te zijn. Een makkie, nu het vakantie was. En we zouden enkel schillen en luiers vinden en ik zou in plaats daarvan vertellen dat mijn oom een luchtbuks had en zij zou haar schouders ophalen en voorstellen om te gaan rolschaatsen. Ik zou knikken, teleurgesteld, want het was wel waar van die buks, waarna ik er nog een schepje bovenop deed en zou beweren dat ei-landen als reusachtige aarden eieren in de zee lagen. Waarom dacht ze anders dat je het met een korte 'ei' schreef?

We lopen zwijgend de parkeerplaats op. Vorige week belde mijn moeder. De boom was gevallen, vertelde ze, die in de tuin van oom Filips huisje. Een hoop rommel, de buren hadden geklaagd. Iemand van ons moest erheen, kon ik niet gaan? Ik had er weinig oren naar. Nu pas valt mij de synergie van de verschillende elementen op, hoe die zijn eigen rechtvaardiging vormt en voor mij werkt. Natuurlijk moeten ik en mijn erwten naar een eiland. Maar niet naar Flores, we moeten naar het eiland van oom Filip. Eens zien hoe we daar groeien. Werner opent zijn auto.

'Ben je verliefd?' vraag ik hem.

'Lastig te zeggen.'

Ik zucht.

'Waarom ben je boos?' Hij kijkt oprecht verbaasd.

'Omdat je het niet ziet.'

7

Waar kom je vandaan? vroeg Fern.

Van de steppe, antwoordde Ra.

Iedereen heeft een moeder, vond Bes.

De steppe is mijn vader en moeder tegelijk, zei Ra.

Ze lieten het erbij. Onder de indruk, want de steppe nam normaliter, die keerde niet uit. Van Ferns vader was nooit meer iets vernomen.

Het verhaal ging dat de steppe oneindig was. Je kon lopen en lopen, vertelden de ouderen, over het oeroude gras, maar je kwam nergens want de steppe zou nooit stoppen. Er was simpelweg niets anders. En die berg aan de rand van de wereld dan, riepen de kinderen, die berg met daarin de geboortegrot? Die lag achter de steppe, inderdaad, maar gezien de oneindigheid van alles zou je daar als gewone sterveling nooit komen. Maan na maan, lente na lente, altijd maar steppe en je zou na verloop van tijd gewoon een keer dood neervallen, van uitputting of ouderdom. Waarschijnlijker was dat je werd opgegeten door een hongerige vreter. Je losse botten afgestroopt door een gier. Geen graf, je vrijgekomen binnenwezen eeuwig spokend, alleen. Het was de steppegod voor wie ze moesten oppassen, een buiig type. Hij verleidde en liet je lopen en zij die waren gaan lopen, kwamen nooit terug. Zelfs als je terug wilde, zou je niet weten hoe. Alles leek op elkaar, voorbij een bepaald punt ging de zon nooit meer onder dus je wist niet wat het oosten was en de maan was ook verdwenen en de bomen hielden altijd hun blad. Overal steppe.

Gekust door de stier, dit is een middenmens! Dat had de Waker vastgesteld, toen hij weer buitenkwam. Daarom kon Ra blijven. Hij was zoals de Moedersteen. Haar afgezant, als het ware, legde hij geduldig uit. En die 'erwtenplanten', hij wapperde met een hand, waren haar gift. Ze zouden voorspoed brengen, let maar op. Hierna zweeg de Waker tevreden, al pratend was hij – wonderbaarlijk, maar zo verging het hem wel vaker – op de waarheid gestuit. De mensen staarden geïntrigeerd en knikten om hun spirituele laakbaarheid te verbloemen. Zoiets verzin je toch niet, smoesden ze later, als Ra voorbijliep met water of hout.

Die erwten, groeien die daar ook? Bes doelde op de steppe, ze stelde zich er van alles bij voor.

Fern, gezagsgetrouwer, keek naar zijn voeten.

Wie is die Moedersteen van jullie? vroeg Ra.

Dat werkte. Ze vertelden over hun geliefde stenen god aan wie ze offerden, die over hen waakte en over hun oogst. Dat ze ooit was meegenomen uit de geboortegrot door de eersten, het volk waar zij van afstamden. Kijk, zei Fern, het is heel eenvoudig, en hij vertelde haar wat iedere boer weet, de eerste én de laatste, over aarde, zon en water. Dat van die drie grootheden enkel aarde geen tegenhanger kent. Licht had donker, water had vuur. Aarde, de baarmoeder van hun voedsel en de Moedersteen, de schoot van hun doden, kende geen tweeledigheid. Zij was beide. Verlangde geen ander voor evenwicht of vermenigvuldiging. Net als jij. Daarbij keken ze Ra niet aan, zagen niet dat ze knikte. Er balde iets vreemds in haar samen.

Er was niet zo lang geleden in haar oude dorp die ooi geweest, onhandig hangend op het achterwerk. Het dier had twee jaar op rij niet gelammerd. Ra had haar van achteren aan de voorpoten vastgehouden. De herder siste langs het mes tussen zijn tanden 'nutteloos', pakte de dik behaarde keel en sneed in een beweging die sierlijk begon de kop los van de romp. Het dier verkrampte en lekte leeg, Ra hield haar boven een kom. Deze herder wist hoe de wolven bewogen en, vaak beter dan de schapen, waar het meeste gras stond.

'Nutteloos' had een bloedband met 'overbodig', het woord dat kort daarna opdook tijdens de graanoogst. Iedereen hielp, het was de belangrijkste gebeurtenis van het jaar en omdat er storm werd verwacht, moest het snel gebeuren. Met geslepen sikkels trokken ze naar de velden en verdeelden zich met enkele woorden in groepen. De sikkelaars grepen een bundel graan en legden de gebogen arm van de sikkel, gemaakt van een hertengewei en ingelegd met vlijmscherpe vuurstenen mesjes, net boven de grond. Met een ruk trokken ze hem naar zich toe en sneden zo de stengels door. De handvol halmen schoven ze terzijde, waarna een volgende bundel werd gepakt. Achter hen bond iemand de bundels bijeen in schoven die weer een ander verzamelde op de rug en naar het dorp sjouwde. Er werd veel gegromd en gewezen. Ze raakten maar niet op elkaar afgestemd, moesten steeds overleggen. Hun vrees voor storm verstrooide. De mannen plasten staand naar achteren om geen tijd te verliezen. Het water kletterde op de stoppels van het net geoogste graan. Sissend zoog de bodem het vocht op. Ra moest ook en schopte met haar voet een kuiltje in het zand, trok haar kleed iets omhoog en hurkte. Druppeltjes spatten tegen haar benen. Iemand staarde, ze keek omhoog. Het was de herder, zijn ogen stonden strak en zeiden: overbodig. Hij gromde er iets onduidelijks achteraan en spoog een dikke klodder, die landde voor haar voeten. Zijn grom bleef niet onopgemerkt, als een horzel treiterde hij rond, overbodig, meerdere ogen keken. De mensen, niet wetend wat ermee te doen, sloegen in de lucht, bukten dieper, veegden strostof uit hun ooghoeken, zweetten als beesten. Overbodig en in de war, zwermde het boven de mensen, niet meer weg te meppen, iedereen ademde het in. Welke monden kunnen we missen, de vraag voegde zich naar het ritme van het gehak, het ritselende stro en de rammelende korrels. Het gif drong dieper en vertelde de mensen dat wie uitstijgt boven de goden, hard zal vallen.

Als ze heel eerlijk was zag Ra veel haken en ogen in Bes en Ferns Moedersteen-analogie. Maar met eerlijkheid was ze niet geholpen. Ze moest het met deze mensen doen. Ze zwichtte en aanvaardde haar transformatie. Achter het huis van Bes, Fern en hun familie plantte ze de gekoesterde erwten, op een rijtje, twee vingers uit elkaar. Want wat maakte het eigenlijk uit? Het waren er niet veel, maar binnen een paar dagen sloegen ze allemaal aan.

In het huis van de Waker was de rust weergekeerd. Hij was niet achterlijk, wist van de dorpen in het noorden. Lang geleden waren er zelfs handelsbetrekkingen geweest. De kans bestond dat de vreemdeling gewoon zo'n Noorderling was. Maar wist hij het zeker? Een gezant van hun Moedersteen, het was een wonderschoon visioen. Iedereen was erbij gebaat. Middenmens, zijn vondst, hij dommelde tevreden voor het vuur, net als de Moedersteen die alweer veilig in haar schrijn stond, verborgen achter de huid.

Niet iedereen, maar sommigen van ons, koesterde onomwonden wrok jegens haar en zou het om die reden misschien niet toegeven. Maar eigenlijk wisten we allemaal dat de Moedersteen dit keer de situatie had gered. We kenden haar langer dan vandaag en dit was waar het misging: ze geloofde niet in ons. Dat ongeloof nam ze heel serieus, het had een vorm. Ik, zei ze vaker dan eens, ben een fysieke entiteit. Om mij kun je niet heen. Desgevraagd moest ze toegeven dat ze niet veel wist van de doden, behalve – en dat wist ze zeker – dat ze hier niet waren. Die hadden wel wat beters te doen. Het kalk van hun schedels zou altijd sneller vergaan dan haar graniet. Die voorouders, pareerde ze, begraven onder de vloer van jullie huizen, die jullie later met veel misbaar opgraven, dat gedobbel met botten: stof. Niets meer. En ze onderbouwde haar superioriteit met de mythe die de mensen rond haar vindplaats en leeftijd hadden ontworpen. Zij herkende zichzelf daarin, liet handig onbesproken dat stenen feitelijk bijna altijd oud en uit rotsen voortkwamen. Ze weet het aan hun eigen tijdelijke aard, daar kon zij niets aan doen. Astronomisch werd je in menselijke ogen daarom al snel. Die geboortegrot was onzin, ze was er nooit geweest. Maar moest zij de brenger van slecht nieuws zijn? De werkelijkheid was soms wilder dan je kon verzinnen. Wat wij in ieder geval zeker wisten, was dat ze een zucht geleden was gevonden door sommigen van ons, directe voorouders van deze mensen, naakt op de steppe. En daarvoor, twee zuchten geleden, zwierf ze rond in de ruimte. Haar oorsprong was als die van water: buitenaards. Een kille term en niet eerlijk bovendien, ze was hier onvergelijkbaar veel langer dan de mensen, een gegeven dat wij niet konden weerleggen. Hoelang bleef je buitenaards, wanneer werd je aardseigen?

Overbodig te vermelden dat ons bestaansrecht niet afhing van haar geloof noch acceptatie. Hoogstens stelde het ons voor een dilemma. Want als je ergens niet in geloofde, wekte je het daarmee dan niet juist tot leven, erkende je dan niet op zijn minst een vorm van bestaan? Het ware ongeloof, dachten wij, bestond uit het naamloze. Het ware ongeloof ging over niet-erkende ruimte.

We drijven af. Wat ons aan de Moedersteen bond, waren de mensen. Ook haar liet het niet koud, hun lot. We hadden eensgezind met hen te doen. Hoe ze elkaar verhalen vertelden, waar andere verhalen uit voortkwamen, die weer andere verhalen rechtvaardigden. Alles voor een beetje houvast. Wij snapten haar, beter dan sommigen van ons ooit zouden toegeven. We hadden elkaar nodig, om te betekenen. Zonder mensen, zonder elkaars verhalen waren we niemand. Zij een kei zoals zovelen, wij lucht, knoken hoogstens.

Wij geloofden wel in haar. (En in jou, niet vergeten.)

8

Meeuwen duikelen schreeuwend onder en boven elkaar, ze zweven mee op de luchtstromen van het schip. Ze openen hun snavel en stoten dwingende geluiden uit. Een kind gooit stukken brood omhoog. Te groot, te laag, de meeuwen zijn boos over zoveel domheid.

Ik tors haar altijd met me mee, de vrouw die ik nooit werd. Soms voel ik haar verwijtende blik. Ze snapt niet waarom ik haar geen ruimte gaf. Dan was alles zoveel makkelijker geweest, fluistert ze, de mensen hadden zoveel makkelijker van me kunnen houden. En: moet ik hier nu weer over beginnen?

De wind slaat tranen in mijn ogen. Ik draai een kwartslag, zo sta ik in mijn eigen luwte. Nu beukt hij tegen mijn rug, alsof hij niet ziet dat ik hier sta. Ik knijp in de reling. We deinen. Onder mij slaan spitse golfjes tegen de boeg. Ongehinderd door wolken straalt de zon op mijn hoofd. Het schip is met een rekkend schuimspoor aan het vasteland verbonden. Je zou de flauwe bocht terug kunnen volgen, dan kwam je uit bij de Friese haven waar we een halfuur geleden vertrokken.

Alles is hier verouderd, zei oom Filip en hij gebaarde druk om zich heen. De leidingen, het water, is het niet fantastisch? Hij kwam ons tegemoetlopen op het tuinpad, we volgden hem naar binnen. Op de keukentafel lag alles uitgestald, een walmende soldeerbout, ernaast een rolletje tin, printplaten, stekkers, strengen rode, blauwe en bruine elektriciteitsdraden, een wonderlijk apparaat met metertjes en lampjes. Welke is de aarde Elke? Hij hield de drie kleuren voor mijn neus. Te vaak gewaarschuwd, was ik doodsbang voor elektriciteit, maar de angst teleur te stellen was groter. Bruin, gokte ik zacht maar hij had zich al omgedraaid. Wat vind je, vroeg hij aan mijn moeder. Mijn God, zei ze, vastgelopen in het midden van de ruimte.

In de tuin waren mijn broer en zus de tent voor hun tweeën aan het opzetten. Natuurlijk kon ik niet helpen, zeiden ze, ik was te klein. Kik stond aan de boom te snuffelen. Ik aaide zijn kop. Het was een zachte boom met priegelige blaadjes. Een l-eu-gen, fluisterde ik in Kiks oor – ik was acht, over twee jaar tien, dan was je niet meer te klein. Dit moest ik opschrijven en ik liep naar binnen, op zoek naar pen en papier. Het rook er inmiddels naar gebakken ui. Mijn vader stond aan het aanrecht en sneed tomaten.

Hij bromde binnensmonds, halveerde de ene na de andere. Vanuit de woonkamer klonken de gedempte stemmen van mijn moeder en oom Filip. Ik raakte voorzichtig de handgreep van de soldeerbout aan. Allemaal rot, mijn vader schudde zijn hoofd en schoof alle helften in een bakje. Niet aankomen Elke, en of ik dit even weg wilde gooien. Hij stak me het bakje toe.

Verderop draait een tengere vrouw een sjekkie. Als ik de wind was, zou ik denken dat ik vat op haar had. Ze draagt een felblauwe, wollen jas die zwaar naar beneden hangt. De vrouw kijkt me aan, plukt een haartje shag van haar lip. Ik kijk weg, de meeuwen boven mij zijn in een serieus spel verwikkeld. Ze duiken onder en boven elkaar, wisselen moeiteloos posities af. Het kind met het brood is verdwenen.

'Ben je Russisch? Je lijkt Russisch.' Ze leunt zijdelings tegen de reling.

Ja, wil ik zeggen, ik heb Russische voorouders. De permafrost die niet veert is mijn geboortegrond, daar waar tweehonderd jaar oude berkenbomen niet dikker dan bezemstelen groeien, mensen stukjes oorlel of teen missen en de sneeuw aan de planken van huizen koekt. Het zou kunnen. Ik zeg: 'Russisch, nee. Hoezo?'

'Ik had een Russische vriend,' antwoordt ze. 'Het is hun tweede natuur, privé en publiek scheiden. Zonder dat je het doorhebt, schakelen ze van het een over in het ander.' Ze opent een handpalm, toont me een onzichtbaar bewijsstuk. 'En die schep,' het denkbeeldige bewijs verdwijnt in het sop, 'die vriend zeulde ook altijd met tuingereedschap.' Een windvlaag mept haar in het gezicht, ze knijpt haar ogen tot spleetjes.

Vertel me wat je ziet, zeg me wie ik ben, maak van mij een Rus met een schep. Het is trouwens geen schep maar een spade en van Russen weet ik niets. Het is weer eens iets anders, denkt de vrouw die ik nooit werd. En dat brok graniet, ga je dat nog aan me uitleggen?

Ik was twaalf jaar, tegen die tijd was oom Filip al een jaar dood. Het vermogen om abstracties, zoals stenen, te bezielen, was ik al lang kwijt. Ik was overgestapt op pitten. Ongeduldig wachtte ik in de keuken om sinaasappelpitten, paprikapitten, avocado-, tomaat- en apppelpitten van het snijafval te redden. Ik deed aarde uit de tuin in terracotta potten, drukte de pitten erin en gaf water. Niet alles kiemde, het maakte het mysterie alleen maar groter. De pitten die wel kiemden, ontvouwden uit het niets glimmend citrusblad en starre stammen, direct boomeigen zelfverzekerd. Vroeg of laat stopte ik met water geven. Ze reageerden altijd op mijn droogteregime, ze werden dof, verslapten, verwelkten, verloren blad en wachtten. Deed ik niets, wat ik meestal deed, dan verdwenen ze.

Niet die dode kiemen, dat is kinderspel. Het zijn oom Filips' tomaten, het is de omgekeerde beweging die verbijstert. Want in de helften bevonden zich niet de egaal gele zaadjes, verpakt in een niervormig zakje gelei. Iets was donker en grillig van vorm. Verrot, dacht ik, in navolging van mijn vader, maar van dichterbij zag ik iets anders: blaadjes in beginsel, aan een steeltje, kromgetrokken als een ingegroeide haar. Hun top prikte hulpeloos in het weke vruchtvlees. De een na de ander peuterde ik uit de kom van de halve vruchten. De zaadjes waren gekiemd, dankzij het beetje licht dat het vruchtvlees en de tomatenhuid doorliet. Als oude foetussen die in de baarmoeder tanden, nagels en haar ontwikkelen, lagen de friemeltjes in mijn palm. Woekerend leven, te vroeg gepiekt. Willen jullie iets vies zien, zei ik tegen mijn broer en zus. Doe niet zo raar, wimpelden ze me af.

De vrouw brengt het sjekkie naar haar mond en steekt het puntje van haar tong uit. Een ijsvogel, met dat rood in die blauwe jas. In een andere tijd zou je haar mager noemen. De wind sleurt haar uitgeademde rook mee. Ik glijd met een hand over de gladde steel van de spade. Het blad is zwaar en neigt uit zichzelf naar de grond, het gewicht troost. Goed gesmeed gereedschap wordt beter naarmate je het vaker gebruikt. Het zet zich naar je handen, het polijst zichzelf. De steen in de rugzak hangt zwaar aan mijn rug, de banden snijden in mijn schouders. Laat haar maar raden, de vrouw die ik nooit werd. Ik weet niet waarom ik hem meenam. Het voelt goed om een geheim voor haar te hebben.

In de verte is een zandplaat drooggevallen, op het gloeierige wad liggen een paar zeehonden. Eentje zwaait, de flipper blijft halverwege steken en wijst naar de hemel. Ik wijs naar ze, de vrouw knikt, gerоutineerd. Ze zal een eilander zijn. Mensen gaan niet zonder reden op een eiland wonen. Het neemt me voor haar in, dat ze er een zee tussen wil, tussen haar en de doelmatige wegen van het vasteland, met zijn bushaltes, dijken en uitgemeten land.

Het lijkt alsof het stampen van de scheepsmotoren verandert, het wordt zwaarder, sneller. Het staal onder mijn voeten trilt en kondigt iets aan. Het schip hikt. Ik kijk naar haar, maar zij kijkt onveranderd voor zich uit, rookt haar sjekkie leunend tegen de balustrade.

Maar het zou kunnen, niets is feilloos. Ik kijk van de schoorstenen naar de noodbootjes en de andere passagiers. Het zou kunnen, de motor die met een laatste vette knal stopt, hoe je dan ineens het klotsende water tegen de boeg hoort, het schreeuwen van de meeuwen. Het schip schuift nog even door en komt dan loom tot stilstand. Rondhollende bemanning die ergens vandaan komt, schrik in hun ogen, de kapitein die iets omroept, over technische storing en geen reden tot paniek, mensen die naar buiten stromen en daarna gedwee weer naar binnen. De ijsvogelvrouw die kalm haar sjekkie in het water gooit, zich met haar rug naar de zee draait, mij toevertrouwt dat dit nog wel even kan duren. De jas die openwaait, hoe haar binnenste zich ontvouwt als een matroesjka. Haar kalmte zal me vernederen. We zullen uren stilliggen, het zal mij op dat punt geen zier meer kunnen schelen of we varen of niet, de urgentie ergens te komen, iets te bereiken, is me ontglipt. Het wad valt droog, maar niet de vaargeul, legt ze me uit, die is diep genoeg en blijft altijd open. De zon zakt als een eierdooier, het wad kleurt koortsig goud en de zeehonden zijn een tijdje geboeid. Af en toe zwaaien ze, tot ook zij verveeld verdwijnen met het laatste restje sop. De meeuwen zijn dan al lang vertrokken. In een onbewaakt moment zal zij op de balustrade hippen, mij gebaren mee te komen. Haar panty glanst in de zon terwijl ze als eerste het stalen laddertje af klimt. Ik volg haar, met achterlating van de spade, de rugzak met de steen en de weekendtas met erwten. Alleen had ik dit nooit klaargespeeld, dat weet de zon, toch beschijnt hij goedmoedig mijn spijkerbroek en windjack, ziet hoe ik af en toe onder me kijk. Behendig schuift de vrouw naar beneden. De slikken en schorren glimmen. Het zuigt, dat zand, het trekt je naar beneden. We dalen als de zon. De ijsvogelvrouw is bij de laatste sport. Ze schat. Recht naar beneden springen zal niet gaan, dan landt ze in het water, dat haast heeft weg te komen. Het land wil droogvallen, schudt ongedurig als een natte hond. Ze springt, maar kan haar evenwicht niet bewaren. De bodem zuigt haar vast. Meteen staat ze op, klopt voor de vorm haar kleren af en kijkt dan omhoog naar mij. Ook ik spring, val precies op dezelfde manier. We zijn op de rand geland.

De zon lijkt niet te willen, maar de aantrekking is te sterk. Ze zakt. Dichter bij het blote wad waar een huivering doorheen trekt, dichter bij de vrouwen, die lopen alsof ze weten waarom.

Natuurlijk komen we als gepland in de haven van het eiland aan. In de spleten van blokken graniet groeit kompassla, wilde peen, zeekool, wilde voorouders van sla, peen en kool. Troebel water klotst tegen de kade. De zee is een misselijke buik. De laadklep opent, we dwarrelen aan wal. Daar kom ik haar weer tegen, we knikken naar elkaar.

Een honderdtal mensen en vier honden passeren me. De mensen vormen geen correcte afspiegeling van de Nederlandse samenleving, de honden nog minder. Zo zit er niemand in een rolstoel, heeft niemand rood haar en is iedereen wit. Kortom, wij eilandgasten, onze genen, representeren een uitzonderlijkheid. In gedachten voer ik een onethisch experiment en laat ik het vasteland verdwijnen onder een enorme vloedgolf, zo ontstaat werkelijke isolatie. Vanaf dat moment kunnen wij ons enkel met elkaar voortplanten. Door onze uitzonderlijke samenstelling zal er relatief snel een nieuw ras ontstaan. Duurt het allemaal lang genoeg, uiteindelijk zelfs een nieuwe soort. Maar isolatie is iets van vroeger, iets wat je nu alleen nog maar kunt afdwingen.

De man van de fietsverhuur heeft alleen nog een tandem voor me. Hij monstert me van top tot teen. Ik kijk naar de grond. Misschien kijkt hij naar iedereen zo.

Ik neem de fiets. Beter dan niets.

De ogen van het lege zadel branden in mijn rug. Het hele eiland ziet ons gaan. Over de kinderkopjes, waardoor de weekendtas klapt op de bagagedrager en de steel van de spade steigerend het stuur afranselt, door de hoofdstraat die ik zo goed ken. Ook de toeristen zijn nog precies dezelfde als twintig jaar geleden. Uitstallingen met schepnetten, slippers en badkleding flitsen voorbij, verderop de patatzak op wieltjes. Ik buig dieper over het stuur van de tweemansfiets. De rugzak schuift over mijn rug. Het dorp verdwijnt.

Hoe die man net keek, zo kijken ze vaak. Nooit verandert de hoofdmelodie. De vrouw die ik nooit werd schudt haar hoofd. Ze is achter me op het zadel gaan zitten. Haar voeten rusten op het frame, de lege trappers malen rond. Wat ik dan had gedacht, fluistert ze. En dat het haar nog meevalt dat het geen herenfiets is geworden. Moet ze het allemaal nog een keer herhalen? Lach wat meer. Als jij lacht, lachen de mensen terug. Zo krijg je dingen gedaan. Mensen kijken nou eenmaal liever naar een vrolijk gezicht. En je ziet er onverzorgd uit. Geef je wel genoeg om jezelf? Verberg! Haar op plekken hoort niet. Elimineer. Steek daar tijd en geld in. Pijnlijk? Dat is nooit een reden. Laat de schaamte voor je werken, niet tegen je. Help elkaar daarmee: geef complimenten of werp afkeurende blikken. Dat is van groot belang. Stel dit nooit ter discussie. Draag een beugelbeha. Toon je gecharmeerd van iedere man. Ongeacht alles, vooral wanneer hij een meerdere is. Je wil toch niet dat hij zich ongemakkelijk voelt? Doe het wel geraffineerd, want als hij hapt zijn de consequenties voor eigen rekening. Je moet het zelf weten maar die wandelschoenen zijn heel erg lesbisch. Schaam! Je kop kaalscheren? Niet op jouw leeftijd. Natuurlijk hoeft niet iedere vrouw make-up te dragen. Ik zeg alleen dat dat soort vrouwen meestal bloedmooi is. Hou niet van regen, zweet, modder, kracht. Hou sowieso niet van je lichaam, het is van de ander. Jouw lichaam is een zondig dier, morgen in verval. Vermijd dat mensen moeten raden. Vermijd uniseks kleding. Als je sport, draag je bijvoorbeeld schoenen met een roze accent. Dat is vrouwelijk. Lief zijn! Stel geïnteresseerde vragen als de buurman de moeite neemt je de mestwetgeving uit te leggen. Ik noem maar wat, want het gaat natuurlijk niet om de mestwetgeving of dat jij er meer van afweet. Het gaat erom dat je aardig bent. Ik ga je niet troosten omdat de mensen je 'meneer' noemen. Krokodillentranen. Waarom ondergoed van vrouwen vaak zo'n opgenaaid Lolita-strikje heeft? *Deine Sorgen möchte ich haben.* Neem de telefoon nou eens een keertje op! Natuurlijk heb je het altijd koud. Dikke jassen en truien zijn niet sexy en mutsen maken je haar plat. Zie het in perspectief: als je het koud hebt, verbrand je meer calorieën. Kou slankt af en slank, daar hoeven we het niet meer over te hebben. Als andere vrouwen te luid of voor hun beurt spreken, rol je met je ogen. Nogmaals: hélp elkaar daarmee. Ik ben juist de enige die jou niet in de steek laat. Wij zijn gelijken, geloof me maar. Ik geef jou nooit op. Zeg nooit onomwonden wat je wilt. Tast af, omzeil en verpak. Koop krappe broeken. Is fraai noch comfortabel maar het schept een band tussen jou en andere vrouwen en dat is ook wat waard. Zwijg! Discussiëren mag. Maar maak het niet altijd zo persoonlijk. Of bloos je graag? Wees gematigd. Draag je nou alweer die blauwe trui? Bel je oma, maak geen ruzie, loop rechtop (maar verberg je borsten), wees de verstandigste, leef je in, houd het gesprek gaande, onthoud verjaardagen, kijk weg, maak plaats, sta klaar, luister oprecht, koop een cadeautje en stuur een kaartje, zeg sorry, dank je wel, benen over elkaar. Stop met zweten! Samenvattend: mannen met piemel, vrouwen zonder en je bent mij niet te slim af. Logica geldt niet voor vrouwenlijven. Of wil je een man zijn, is dat het?

9

Wij wisten, als iedere boer, dat niet de winter, maar het voorjaar het verraderlijkst was. De voorraden geslonken, terwijl de gewassen nog onrijp op de velden wachtten. De bloeiaren van het graan reikten naar de zon, ze vertaalden met het wuiven de wind en gaven aan hem hun stuifmeel mee. De lucht warmde op, het begon ergens op te lijken. Maar de aarde had een hardnekkiger geheugen. Zij hield de winterkou het langste vast. Toch was het niet de kou, die waren de mensen gewend. Het was de regen die ook dit jaar niet kwam.

In een nat land glijdt de wind, fluit hij soepel langs meebewegend blad en polijst hij het gras glimmend geil. Droogte hoor je, het knispert. De bladeren krakend getoast, de steeltjes stijf, ieder bewegen stram. Zand en zaad komen los van de aarde, stuiven en hameren rond. De droogte kwam van vele kanten, van boven, uit het zuiden maar bovenal van de steppe. Op zijn weg trok hij water uit karig bebladerde kronen, verzamelde steriel bomenzaad in ritselende hopen, joeg de rivier als een slak terug in haar huisje. Droog land wacht.

Deze mensen gedijden op cyclische routine. Het was ongelofelijk, zeiden ze, hoe afgestemd de wereld was: hun rituelen markeerden de seizoenen, die op hun beurt de werkzaamheden bekrachtigden, waarmee alles naar een hoger plan bewoog. De wereld was als de vortex in water, zijzelf in het oog. Alles greep zo feilloos in elkaar, dat dit vlechtwerk zichzelf rechtvaardigde. Wijk daar maar eens van af.

Routine gedijde bij geheugen en daar waren ze ruimschoots mee bedeeld, vonden ze zelf. Opeenvolgende jaren van voorjaarsdroogte vielen daarbuiten. Niemand kende overgeleverde verhalen, wat wel moest betekenen dat wat hun overkwam, die droogte, niet bestond. Het dorp ging gebukt onder een impasse.

Ondertussen groeiden de erwtenplanten, omdat Ra ze water gaf en rijshout plaatste. Het waren er niet veel, maar als je hurkte, zag je het beven van hun stelen, het grijze groen van de vlinderachtige blaadjes, de armpjes die ze om elkaar en het rijshout snoerden. Ze trokken zich aan elkaar op en verdrongen zich als een kluitje kleuters. Inmiddels kwamen ze al tot haar knieën en werden de blaadjes groter, vertakten de stelen. Onderin verdikten de eerste bloemknoppen. Ra trok geroutineerd het onkruid weg tussen de regels, legde het ernaast, waar het verdroogde. Met een stenen hak werkte ze de aarde ertussen open, diepte de geul uit en verstevigde met de opgewerkte grond de slappe stengels. Kort daarna bloeiden de eersten met feestelijk paarse vaantjes.

Dat het collectieve geheugen de mensen niet altijd in de steek liet, bewees hun alleroudste verhaal, dat over de geboortegrot. Het vormde de basis van hun bestaan. We kenden het allemaal, het was het verhaal dat in de loop van de tijd, over generaties en werelddelen, op details verschilde maar in de kern hetzelfde was.

Deze mensen veronderstelden herinneringen aan een pad dat diep de aarde in liep, aan een onderaardse grot waar de eersten waren gekneed uit zachte klei en rode oker. Het lijf een zachte worst, twee armen stulpten uit het hart. Daarna twee benen die uit de hoofdloop ontsproten als de vork van een beek. De grot had dorst, er kwam water. De grot had honger, er loeide vuur. De poppen zwollen en barstten, maar niets brandde of verdronk. Teleurgesteld dropen water en vuur af, steen en klei waren geen partij. Toch was er een vonk overgesprongen. Opgedroogd en afgekoeld kwam uit die klei een mens tevoorschijn, drie in totaal. Gezichten waren nog zacht van stof en schaduw, ze klopten elkaar af, voelden het dode met daaronder het zachte. Ze wisten zich geen raad. Tot een van hen een steen bemerkte. Die had zich gedurende het spektakel van de wand losgemaakt. Zij, die steen, wees hen naar het licht. Op steltige benen bewogen ze naar boven, ademden lucht.

Tot hier geloofden we het allemaal wel, het was het stuk dat volgde dat hen tekende: pas toen ze de grot achter zich hadden gelaten, dachten ze eraan om te kijken. Nooit zouden ze weten wie hen ooit kleide, wiens vingerafdrukken ze droegen.

Wij zijn pragmatisch. We borduren voort op wat de mensen ons aanreiken. En deze mensen geloofden in hun schepper: aarde. Ze zagen dat ze weinig van de dieren verschilden. Ze wisten hoe geraffineerd wolven in roedels joegen, hoe kien de jakhalzen hun lammeren stalen, ze voelden zich in weinig slimmer. Zelfs in de gazellen, die net als zij planten aten en prooi waren voor vreters, herkenden ze zichzelf. Tot in het diepst van hun wezen waren ze doordrongen van hun ondergeschikte staat. Er was enkel dit verschil: zij waren ondergeschikt aan de gezant van de aarde, hun Moedersteen. De epiloog van hun ontstaansgeschiedenis vermeldde namelijk nog even dit, dat de Moedersteen hun een handvol graan schonk, nadat ze uit die grot waren geklommen.

De Natufiërs die het gras eigenhandig temden, hun directe voorouders vergeten. Ze waren veel slimmer dan ze zich herinnerden. Maar wie gaf er om verstand als je ook uitverkoren kon zijn?

De droogte sukkelde voort, de zon kroop elke dag een stukje dichter bij zijn hoogste punt. Iedereen, ook de planten en de bomen, bleef stug regen verwachten. Ze strekten alvast hun overvloedige blad in de koppige overtuiging dat water hun toekwam, dat het zou komen. Want zo was het altijd gegaan. Hun geloof werd streng bestraft. Ze verdroogden in hun knoppen en het blad kromp strak naar de nerf. De geslonken bladerhandjes waren niet langer in staat de venijnigste zonnestralen te weren en hun iele wortelgestel hield de aarde niet langer vast. De wind blies haar los tot wervelend stof. Zwart plakte het in de neuzen van de mensen, ze wreven het uit hun ogen en hoestten het droog op. Voor het jonge graan op de velden haalden de mensen nu iedere dag water. Hun vernuftige irrigatiekanalen lagen al te lang droog. Achter hun kromme ruggen droogde de zon het land triomfantelijk op. Ze werden mager als spinnen.

Bes begon Ra te helpen. 's Middags liepen ze met waterzakken, gemaakt van gazellemaag, naar de wadi buiten het dorp. Het water stond laag, ze moesten via de glooiende oever naar beneden. Hun voeten zakten door de brosse bovenlaag, daaronder was de aarde nog steeds week als deeg. Kinderen speelden er met zwart gemummificeerde salamanders. Ra liep naar het midden, stond tot haar kuiten in het lauwe modderwater, hield de tuit van de zak onder water en gaf hem door aan Bes.

Op de terugweg vertelde Bes over de laatste gazellenjacht, een paar manen geleden. Er waren enkel wat schrale bokjes en een paar jonge dieren gevangen. De kuddes werden ieder jaar kleiner en verdwenen steeds verder naar de horizon. De afgelopen winter was weliswaar zacht maar vruchteloos. De honden aten ratten, de mensen ook. Dat was het moment geweest dat haar stammoeder, Miel, was gestopt met eten, ze gaf haar deel aan de kleinsten. Het moederhuis, waar de stammoeder woonde met haar dochters en hun kinderen, onder wie zij en Fern, veranderde in een sterfhuis. Wiegend, prevelend en uiteindelijk stil, was Miel overgegaan. Het had niet lang geduurd. Ondanks alles stierf er een kind met haar mee. Maar dat was niet erg, beweerde Bes, want verloren kinderen, oud en jong, gingen over in het eerstvolgende levende kind. Met één binnenwezen in je lijf was je als een zaailing. Een enkele zucht blies je uit het leven. Hoe meer binnenwezens van broeders, zusters en andere voorouders zich in je vereenden, hoe taaier je in het leven wortelde. Nu was het wachten op een nieuwgeborene. Bes staarde in de verte, haar stem vervloog.

Ze goten het water in de geul. Opgelucht zagen ze hoe het vocht zich een weg baande. Ra hakte een brok klei weg. Daarna spoelde het over haar stoffige voeten, die donker kleurden. De loop van het water loog niet, het verklapte loepzuiver iedere oneffenheid. Ra wees naar de planten, Bes was verrukt want onderaan vormden zich al de eerste peulen. De jongste plat en doorschijnend als lamsoortjes, een enkele al dik en stug.

Fern hoedde de schapen steeds vaker alleen.

Sommigen van ons raakten ervan overtuigd dat deze mensen – als schapen – wat al te goedmoedig hun ondergang afwachtten, niet bij machte de fuik te herkennen, noch te verlaten. Ze twijfelden aan onze aanpak. De directe voorouders van Fern, en dat waren er veel, voorzagen dat hij op een zijspoor werd gezet en eisten genoegdoening, en wel in zijn leven. Die van Bes vreesden ontsporing, zij zetten vraagtekens bij de regie. We konden ook niet ontkennen dat het verhaal een bepaalde loop nam, eentje die wij niet geheel controleerden. Dat gedoe met die stier, het excentrieke 'middenmens', de gedaanteverwisseling. Maar dat was geen reden tot paniek. Zoals we eerder al zeiden, de pragmatische werkwijze paste ons het best. Moesten we het over de dode dorpsgenoten van Ra hebben? Waar die nu waren? Dat snoerde de sceptici voor even de mond. Kalm, vervolgden wij, directe voorouders van Ra. Het enige wat deze mensen kon redden, was de zogenaamde middenmens met haar erwten. We moesten haar – of zouden we al spreken van 'hem'? – enkel nog wat bijvijlen en schaven, zodat ze naadloos aansloot op de heersende routine. Haar hele bestaan moest zichzelf onontkoombaar rechtvaardigen. Het klonk wat theoretisch, maar we wisten wat we deden. Het ging niet om de details of het individu. We vroegen tijd.

Een vreemdeling kon je niet eeuwig blijven, besloten de mensen. Ra moest worden ingewijd. Men kwam 's avonds bijeen in het samenhuis. Er brandde een koortsig vuur, mannen voedden het met hout en lucht. Er werd gehumd en getrommeld, mensen hurkten op hun meegebrachte huiden en wiegden.

Het was een beeld dat paste bij de geboortegrot, het was herkenbaar, dus het klopte.

Iemand speelde op een benen fluit steeds dezelfde twee venijnige tonen: één voor de levenden, één voor de doden. Anderen klopten met platte hand op de aarde om ons, hun voorouders, te begroeten. Het laatste zonlicht verdween en woorden begonnen zich te vormen, het gehum begon zich te zetten, kristalliseerde in een lied met een oeroude taal. Binnenwezens kwamen los en duwden tegen de kooi van bot, de bast van vlees, de binnenwezens wilden samen zijn. De mensen kropen dichter naar elkaar, zochten ruggen, armen en handen. Ze vormden een massa. Ra werd feilloos gevonden, stevig grepen ze haar middel, legden handen op haar rug. De fluiter floot nu trillers. Ra liet zich uit hun midden drijven.

Op de grond voor de Waker lagen drie rondborstige poppetjes. Ze kreeg de eerste pop, voelde de koele, ongeharde klei in haar handpalm en gooide. De pop plofte in het vuur. De Waker doopte een wijsvinger in een uitgeholde steen, gevuld met vettige oker. Hij drukte een stip tussen haar ogen, een tweede in het kuiltje net boven haar sleutelbeenderen – daar waren redenen voor die iedereen kende. De binnenwezens trilden steeds harder en lieten eindelijk hun omhulsels los. Ze stegen op en net onder het dak dromden ze samen, keken tevreden neer op de mensenkluit. Ze joegen het vuur aan met hun vlucht waardoor het razend heter werd. Beneden zweetten de mensen en loeiden als dieren. Ze waren de aarde, hun voorouders, elkaar. En toen, met een knal, barstte de kop los van de pop. Ra was een van hen.

Veelbelovend, had de Waker nadien gezegd. Het goede teken was zonneklaar, de eerste pop was direct gebarsten.

Het gesjouw met water loonde: de halmen van het graan raakten bevrucht en rijpten af in de zon. De boeren beten de graankorrels stuk tussen sterke kiezen. Ze moesten hard als kiezels zijn, maar waren nog zacht en melkig. De oogst moest wachten. Het graan was sacraal en boven alles verheven. Dat maakte elke andere bron van voedsel, behalve vlees, verdacht. De tijd tot de oogst moest worden overbrugd en men zag zich genoodzaakt wilde planten te verzamelen die, wars van wat er werkelijk gebeurde, putten uit sappige penwortels en groeiden op oude kracht. Beschroomd stopte men het groen en de wortels in dunne soepen. Ook Bes en Ra zochten wortels en toen hun graafstokken elkaar vonden, duwden ze half gebukt, plagerig hun heupen tegen elkaar. Totdat Bes het niet meer hield en Ra tegen de grond drukte. Hijgend liet ze zich overmeesteren, om dat vogelachtige gewicht te voelen, om Bes voorover te zien buigen, een uitgestoken vleugel, een hand, die een blootgevallen borst aaide.

’s Nachts ritselde het van de slangen, alsof die enkel leefden van hitte en wind. In wijde lussen waren ze vanaf de steppe gekomen, knepen op hun strooptocht naast overvloedige hoeveelheden ratten en muizen ook weleens een toevallige hond dood, of spoten hun venijn in een ongelukkig lam of kinderbeen. Overdag hielden ze in donkere hopen de wacht tegen de dorpsmuur. Ze hadden de kleur van schaduw, net als de kakkerlakken, die gelukzalig ratelden over de aangestampte vloeren van de huizen. De slangen waren de echte winnaars.

10

Rechts van de dijk ligt de Waddenzee, water gaat onduidelijk over in lucht, links monotoon gras. Verderop, in de luwte van de dijk, beginnen de volkstuinen. Ik herinner me zomers met blauwige kolen, stijf in formatie, met daarnaast wigwams van bamboe waar stokbonen omheen slingerden, hun malse toppen die hoger dan het bamboe wilden maar niet konden. Aan de randen bessenstruiken, met takken waaraan glazig rode aalbessen als rijpe oorbellen hingen.

Ik kijk achterom. Begrijpelijk dat ze niet meetrapt, in die schoenen. Ze heeft leuk haar en een blos, een vrouw op wie ik nooit zou vallen. Ik wens haar niet dood.

Een tandem, zucht ze, terwijl je je makkelijk een auto kunt veroorloven. Wat ik niet allemaal voor je overheb. Je rukt trouwens alles uit zijn context. We hadden een afspraak: dit zou onder ons blijven.

Geloof me, mensen zetten vraagtekens bij jou, niet bij het systeem. Is dit een statement? Pot! Manwijf! Draag lenzen en hars je snor. Je kunt het beter van mij horen dan van een vreemde. Ik ben hier om je te helpen. Wij allemaal. Dat lijk je niet te snappen. Je klinkt gewoon nogal zuur. Geef mij, van alles wat er misgaat in je leven, de schuld. Je bent in de minderheid. Niemand heeft hier last van. Want vrouwelijkheid moet je vieren, het is een prachtige oerkracht. Word nooit boos. Huilen mag. Wees mysterieus. Gevaar! Houd dit systeem in stand. Je bent naïever dan ik dacht. Natuurlijke orde, daarom. Waar is je humor? Disbalans. In de war. Lach!

Ik werd haar nooit. Maakt niet uit, ze is er altijd en ze bedoelt het goed, zegt ze, ze wil dat ik slaag. Soms geef ik haar gelijk en vervagen de grenzen, dan weet ik niet of ik het met haar eens ben of dat ik het gewoon te vaak hoorde. Dan worden we elkaar en heeft ze haar zin. Al weet ik het niet eens zeker, of dat is wat ze wil. Ze heerst op basis van angst, ziet mij daarom als haar terrorist. Zet ik haar in het licht, dan riskeer ik haar woede. Kom ik te dichtbij, dan zwijgt ze. Haar ultieme wapen. Ze gaf mij nooit een kans.

Dan kunnen we elkaar de hand geven, vult ze genoegzaam aan.

Zo vroeg in het jaar zijn de volkstuinen nog op veel plekken kaal. Boven een veldje halfwassen tuinbonen torent een stok, verderop nog twee. Er hangt een flodderig ding aan. Ik rem. Het is geen ding, het zijn vleugels. Ook zie ik een snavel. Slordig uitgeknipt uit zwart papier, zo hangt de vogel aan één poot vastgebonden. Op de kop gekruisigd als Petrus. Twee kauwen en een ekster, een vogel-Golgotha. Het wit van de ekster wordt al grauw. Hun tentoongestelde dood moet andere vogels ontmoedigen. Niemand verlustigt zich hier ongestraft aan zoete bonen. De planten, koningskinderen, zijn zelf niet in staat zich te verweren, dat is de taak van de tuinder. Het werkt, zelfs de meeuwen hoor je hier niet. De gewassen worden geselecteerd op uitzonderlijkheid. Tijdens het veredelingsproces worden schimmelziektes, insecten en andere planteneters weggehouden, waardoor hun weerbaarheid overbodig wordt en uiteindelijk verdwijnt. We denken de plant te ontlasten maar maken hem afhankelijk, regelen de temperatuur en het aanbod aan voedingsstoffen zodat hij zijn energie alleen nog hoeft te steken in groot en sappig groeien. We vormen cultuurgewassen in een wereld zonder gevaar, gevaar dat we later op het veld of in de kas simpelweg doodspuiten. De slapheid, de roep om aandacht en zorg, het zenuwgif en de dode vogels: het is te veel.

De vleugel van de kauw beweegt in de wind. Ik meen zijn versterving te ruiken, draai me af en zie tussen mijn voeten iets blauws. Ereprijs, het bloemetje blauw als een lief betraand oog, de twee pronte stuifmeeldraden en het witte hart waarin je kunt verdwijnen. Ik pluk het plantje, steek het in mijn jaszak en stap op de fiets.

Ongevraagde hulp verlamt. Het vertelt je dat je het zelf nog niet doorhad, maar dat je het niet kunt en dat het zonder hulp ook nooit wat wordt. Ik was een kind dat in jurkjes geholpen werd. Jurken die tijdens het spelen je onderbroek onthulden, waaraan zakken ontbraken om stenen in te verzamelen. In een jurk ben je geen mens maar een meisje, een schattige prooi. Ik begreep niet dat het hoorde. Jongens hoefden niet geholpen te worden. Mijn onvermogen om met poppen te spelen, met hun grote, weerbarstige roze koppen en polyester wimpers, vreemd draaiende ledematen en gestolde uitdrukkingen, werd eenvoudiger geaccepteerd. Ook de jurkjes-episode duurde niet lang, mijn barse blik bleek niet weg te lachen. Toch was de boodschap helder: ik was de ander. Het was te laat, ook de jongens hadden gezien dat ik een meisje was. We schiftten als zure melk.

De vrouw die ik nooit werd, bedoelt het goed, zoals ook toen niemand het slecht bedoelde. Ik werd geliefd, mijn grillen verdragen. Wat zeur je dan, zegt de vrouw die ik nooit werd. Ik wil iets blootleggen en om iets te zien moet je het eerst herkennen. Daar gaat het mis. We vertrouwen blind op wat we weten. We helpen de hulpelozen.

Tijdens het eerste jaar van mijn studie bespraken we het fameuze begrip *aangeleerde hulpeloosheid*. De afbeeldingen leken afkomstig te zijn uit een grimmig kinderboek: er was de hond die leerde dat hij de intensiteit van een toegediende schok kon verlagen door een knop te bedienen. Er was de andere hond die

die knop niet had en de schok gewoon moest verdragen. In het tweede deel van het experiment konden beide honden over een lage versperring springen om aan een nieuwe schok te ontkomen. De eerste hond leerde dat snel, de tweede hond nooit. Die had geleerd dat zijn gedrag geen invloed had op zijn omgeving. Hij hing in een hoek van de tekening, zijn kop laag. Uiteindelijk koos ik voor de richting plantkunde.

De tijd stapelde, ik groeide onverhoopt. Er was die keer dat mijn zus me hielp met het uitzoeken van nieuwe schoenen. Zelf was ik ergens blijven steken, ik wist het niet. De schoenen die ze aanwees waren 'grappig', niet meisjes-mooi. Er werd voor mij een uitzondering gemaakt. Ik wilde niets liever dan zijn zoals zij, daar waren ik en het meisje dat ik nooit werd het roerend over eens, maar de Snoopy-truien die wij ooit beiden droegen waren we al lang ontgroeid. Met clownsschoenen aan mijn voeten was het ongemak niet minder geweest. Mijn moeder, geschrokken, voerde me een banaan tussen de snikken door.

Bij gebrek aan beter spiegelde ik me dan maar aan mannen. Niet de echte, voor hen was ik bang, maar aan de personages uit boeken. Ze bevonden zich op een veilige afstand en waren intelligent en gelaagd. Ze wilden iets bereiken in de wereld, ondanks henzelf en dat wilde ik ook. Maar de vrouwen die ze begeerden, waren wonderlijk onpeilbare wezens. Ik verachtte deze mannen, zulke vreemde vrouwen kende ik niet. Ik verachtte dat ik ze ook snapte, want ik werd verliefd op meisjes, die inderdaad onbereikbaar bleven.

Ondertussen wachtte de puberteit niet, die raasde voort. Als zestienjarige nam ik niet voor het eerst een meisje mee naar de bioscoop. Ik verspeelde een eerste liefde, en een tweede. Mijn *Catcher in the Rye*-jaren gingen op aan het vanaf de zijlijn toezien hoe anderen in opstand kwamen, er iets van maakten en gestaag groeiden.

Een plant ademt door zijn vele huidmondjes, knijp-portemonneeachtige celstructuren aan de onderkant van ieder blad. Geconfronteerd met droogte, klappen ze dicht. Daardoor stopt het verdampen en feitelijk alle water gedreven processen. Wat binnen is, blijft binnen. Strakgespannen cellen vol water vormen normaal gesproken zijn skelet, daarom verslapt hij bij een tekort en kan op die manier, half slap, een tijd in relatieve stilstand overleven. Wanneer het regent, openen de mondjes, zuigen zijn wortels zich vol, ademt hij damp en oogt hij weer net zo stevig als eerst. Maar zijn fysiologie is onzichtbaar en onomkeerbaar veranderd. Het groeiproces komt maar heel traag op gang. In plaats van meer bladeren, stengel en wortel zal de plant alles op alles zetten om te gaan bloeien. Aan nieuwe scheuten komen geen bladeren maar bloemen, ook al is de plant nog prematuur. Hij is voor altijd de naïviteit van de eeuwige jeugd ontgroeid. Voordat hij sterft, moet er voortgeplant worden, de noodbloei van een tienerbruid.

Daar gaan we weer, zegt de vrouw die ik nooit werd en waarom is dit zo belangrijk voor me? Maar ik werp de blikken niet, ik stel geen vragen. Iedereen kijkt, de bakker, de buurman, de ober, de vrouwen die op de wc hun wenkbrauwen optrekken en zich hardop afvragen of ze wel op de juiste wc zijn, soms verontschuldigen ze zich daarna met besmettelijk ongemak. Soms, zoals de bakker, volharden ze ondanks hun verwarring en noemen me meneer, ook wanneer het taalkundig overbodig is. Ze kapen mijn blik en zorgen dat hun stem goed hoorbaar is. Ik maak mezelf wijs dat ik sta als een rots, dat ik blik noch bloos. Maar ik ben een zoutpilaar, bevroren, beschaamd. Ik hoef alleen maar te zeggen dat ik geen meneer ben maar een mevrouw, maar ik weet niet of dat klopt. In de supermarkt speculeert een moeder op luide toon met haar dochtertje over *wat* ik ben, op een borrel vraagt een onbekende argeloos aan een kennis of ik haar zoon ben. Die andere kennis die ik jarenlang niet zag, vraagt zonder tussenkomst van iets of ik in transitie ben. Vertraagd hoor ik mezelf een grapje maken, om de boel dan maar te redden, want vorige week nam ik ontslag, dus ja, altijd in transitie. Clownesk gooi ik mijn armen in de lucht. Jezelf verlaten is kinderspel. Ik grijns mijn tanden bloot, de angstlach van een aap. Ik ben een slechte acteur. Er zijn altijd goedbedoelende mensen, die stellen vast dat ik androgyn ben en – kennelijk om te troosten – dat dat in de mode is. Dan hoor ik tussen de regels dat men me in de war vindt, dan worden me heel kalm – suprematie maakt ontspannen – compassie, homeopathische korreltjes of meer baarmoederlijk contact toegewenst. Met de verwarden is iets mis. We moeten ze helpen. De vrouw die ik nooit werd, zegt: je luistert niet naar mij, dáár gaat het mis. Ja, denk ik, hoe zat het ook alweer, mannen met piemels, vrouwen zonder. Ik gun mezelf anatomische eenvoud, maar iets weigert.

Kijken vormt, zoals aanhoudende wind een vliegden scheef doet groeien. We boetseren elkaar en later onszelf in de gewenste vorm. Middelmatigheid is het veiligst. Maar als de klei hard is, valt er niet meer te boetseren. Mensen kijken naar mij, *Zwitterwesen*, ik begrijp wat ze bedoelen en ze bedoelen het goed, meestal, de mensen met hun correcties, in woorden, blikken en soms in daden. En er is de keus die geen keus is: ik pas me aan, draag een jurk en schaam me voor mezelf. Of: ik pas me niet aan, draag een tuinbroek en schaam me voor het ongemak van anderen.

Vroeger, tijdens het knikkeren, als het gevaarlijk werd en je je hele knikkerzak dreigde te verliezen, riep je je tegenstander toe: met zonder alles! Daarmee vervielen onmiddellijk alle vooraf zorgvuldig afgewogen en afgesproken spelregels. Dat wil ik: alle regels opheffen, terwijl we spelen.

De twijfel is gezaaid en de wereld is bot, zegt de vrouw die ik nooit werd. Daarom heb ik al lang gewonnen. Dat weet je best.

11

Er hadden zich mensen rond de erwtenplanten verzameld. Het zag er allemaal behoorlijk knap uit, vonden ze, zo op een rij en met dat rijshout, hoe hoog die planten klommen. Deskundig bevoelden ze het blad, roken aan hun vingertoppen en wezen elkaar de bloemen en de peulen, knikten geestdriftig. Sommigen van hen hadden de planten enkel die ene keer gezien, toen Ra ze vanonder haar kleed haalde. Kleumen, vergeleken met deze. Ja, ze moesten toegeven dat het een groeizuchtig gewas was.

Ra zei dat je eigenlijk alleen de zaden at. Dat zijn de erwten, vulde ze aan, die zitten in de peulen. Ze wees.

De mensen telden globaal, keken elkaar aan en fronsten.

Er was niet genoeg. De spreker stond, zijn gebalde vuist strak langs het lichaam. Rond de vuurplaats van het samenhuis zaten de Waker en de oudsten, daarachter de rest. Het was windstil, de rook sloeg naar binnen. Het vrat aan de mensen, natuurlijk wisten ze waar dit over ging. Ieder jaar oogstten ze minder graan en op die luizige erwten hadden ze te veel hoop gevestigd, dat kwam nu wel heel beschamend aan het licht.

Het was de zee, opperde iemand, die rukte op. De zeemensen hadden hun dorpen verlaten en zwierven rond, zorgden landloos voor onrust. Nee, riep een ander, het was het land dat onvruchtbaar was gemaakt. Het was de zon die te hard scheen of de regen die niet viel. Het was het graan dat niet meer kiemde. Het graan kiemde best. Zij! Zij deden iets verkeerd. De Moedersteen was boos. De binnenste kring zweeg gelaten terwijl het achterin rumoeriger werd. Mensen schoven heen en weer. Het waren de voorouders, die hielpen niet meer. Wanneer was dat gestopt, wanneer hadden ze het laatste offer gebracht? Drie manen geleden, hun Waker stond op uit de binnenste kring, een schaaltje wortels en wat graan. Iemand achterin riep wat een offer betekende dat geen offer was en wat de voorouders wel niet moesten denken. Maar offeren deed je niet in het voorjaar. Ze hadden niets of konden niets missen, dat was juist het punt en hoe offerde je dat? Ze moesten de gazellen achterna, net als het volk van Geenlanders. Weg van hun dorre akkers. Fern sprak, hij bloosde. Geenlanders, werd er geschamperd. Zwervers die hun voorouders niet eerden. Altijd onderweg en vuil, schuilend in een tent of grot: dat was geen leven. Laatst verdween er een schaap, net toen die schooiers hun kamp dicht bij het dorp hadden opgeslagen. Een vrouw sneerde, wie zei dat de jongen mocht spreken? Eren wat ze hadden, door hun voorouders zo beschikt. Want hun waren de akkers ooit toegewezen. Zij waren uitverkorenen, geen wilden.

Fern was weer gaan zitten tussen de twee. Hij keek strak vooruit, wreef zijn kaken over elkaar. De lucht was dik, de sfeer grimmig.

Wanneer we ingrijpen? De zaken zijn misschien wat al te rooskleurig voorgesteld. In feite zijn onze middelen beperkt, ons handelen daarmee verre van onomstreden. Iets waar onze status gelukkig niet onder lijdt. Dat is weleens anders geweest.

De mensen zijn het vergeten, maar wij kunnen het ons nog prima herinneren, de tijd dat niemand aan ons dacht. Landloos trokken we rond en als we stierven werden we simpelweg achtergelaten op een willekeurig veld, onder een boom of in een grot. Van grootouder, kind, geliefde of jager werden we voedsel voor de nederigsten onder ons, de opruimers: knekelstropers, kerfdieren en rottingsmicroben. Onbeduidend omgezet naar aarde, want onze nazaten waren dan al lang vertrokken. Die vereerden liever heilige dieren, iets zichtbaars met een vacht. Wij hadden niets te zeggen. Het was niet dat ze nooit meer aan ons dachten, soms werden we zelfs gemist. Maar eerlijk gezegd, daar had niemand wat aan. We gingen zoals we kwamen: ongekend.

De grote omslag kwam door bezit. Onze nazaten besloten op één plek te blijven, bouwden huizen en werden boer. Bij leven werkten ze hard en als het meezat stapelden ze voedsel, dat ze ruilden voor spullen, waarmee ze grotere huizen bouwden, die ze onderhielden en verfraaiden, waar ze nog meer opgeslagen voedsel en nieuwe spullen stalden. Ons aller nageslacht werd er geboren, het was waar iedereen zich hechtte. Door de spullen ontstonden verschillen, want sommigen hadden er meer. Omdat ze harder werkten, bekwamere boeren waren of gewoon geluk hadden. Eerder was alles van iedereen, had iedereen bij alles evenveel belang. Maar nu bezit zijn eigenaar met gemak overleefde, ontstond er reden tot behoud. Hoe behield je zoiets als een huis? Bewoond door zijn stichters was het eigenaarschap helder. Maar eenmaal dood bleef daar weinig van over en binnenwezens werden te vluchtig bevonden, men vond ze discutabel. Er was maar één manier. Om ons eeuwige eigendomsrecht te bezegelen, begroeven ze ons in de vloeren van onze eigen huizen. Ontstond er twijfel, dan groef men ons triomfantelijk op. Aan botten twijfelde niemand. Wij stegen in rang.

Een man stond op, hij sprak: ik zeg ook maar wat iedereen denkt. Verbaasd draaide men zich om.

Bedenk dat er hier collectief uiting werd gegeven aan een sentiment. En sentimenten namen deze mensen serieus, met name als ze breed gedragen werden. Daar zat betekenis in, die hoefde je enkel te duiden.

Die erwten zijn een aanfluiting! En die middenmens, hij wees. Is de vreemdeling niet gewoon een vrouw?

De mensen fluisterden ongemakkelijk, het liet ze niet onberoerd dat hij zogezegd voor iedereen sprak. Maar voor zover zij wisten werden vrouwen niet gekust door stieren, waren vrouwen geen evenbeeld van hun Moedersteen. Zoiets was in de hele geschiedenis niet voorgekomen. Een vreemdeling was Ra bovendien niet meer, na de inwijding laatst. Trok hij dat in twijfel? Maar anderen knikten voorzichtig. De man was een respectabel lid van hun gemeenschap en er stond ook gewoon te veel op het spel. Nieuw land was op, er dreigde honger. Misschien lieten ze zich daarom niet zo makkelijk vermurwen door het toch wel esoterische verhaal van de Waker over Ra als afgezant van hun Moedersteen. Misschien verlangden ze meer. Iets concreets.

Wat wij moeten doen, vervolgde de man, is offeren. Iets groots en belangrijks. Daar dachten de mensen over na, maar niet al te lang. Een gemeenschappelijk besef dreef boven: het klopte. De Moedersteen vroeg om zo'n offer.

Op dit punt aangekomen, maakten we ons eensgezind zorgen. Het talrijk worden van zaad kost tijd. Dat hadden onze nazaten inmiddels moeten weten. Dat tien zaden tien planten opleveren, die op hun beurt een veelvoud daarvan aan nageslacht voortbrengen, zodat je het volgende jaar honderd zaden kunt zaaien, en het jaar daarop nog meer, enzovoorts. Ze kenden dat wonderbaarlijke grondbeginsel van vermeerdering, hadden zelfs herinneringen aan overvloed en nu deden ze alsof hun neus bloedde. Angst vernauwde hun blik en verlegde hun aandacht naar het individu, dat lichaam van Ra dat feitelijk nooit was opgehouden omstreden te zijn. De mensen vonden er wat van: dat het afweek om te beginnen, dat het raar was hoe het zich gedroeg. Ze wilden weten waarom het niet meer was zoals dat van henzelf. Dit alles hadden ze zo vaak vastgesteld, dat inmiddels de helft van ons hetzelfde dacht. Waaronder dat lichaam zelf, dat vond zichzelf mislukt. Want als zovelen het toch zeiden? De andere helft van ons liet zich niet knechten. Ondertussen werd één ding duidelijk: dat wat afwijkt, verstoort. Wat als ze niet konden vertrouwen op wat ze wisten, dat er van ooien zonder rammen nooit iets kwam bijvoorbeeld, de kieming van hun graan in het najaar of de komst van de gazellen?

We veronderstelden gevaar. Ze zouden haar uithuwelijken aan de steppe, het vlees losschrapen van de huid, de orde herstellen. Zo klonk het nog ergens naar, we hoorden ze het al denken.

Ik vraag maar één ding! De man verhief zijn stem, dat gaf gewicht. Hij moet het bewijzen.

Zwijg! De Waker stond op. Dat jullie aan mij twijfelen is tot daar aan toe. Maar aan de Moedersteen?

Het viel stil. De oude man omklemde zijn loopstok, die trilde, net als zijn arm.

Meer bewijs, gromde de man binnensmonds, is dat te veel gevraagd?

Kort daarop verliet de Waker het dorp. Bij de poort wipte hij met de punt van zijn stok een slang aan de kant, rotbeesten. Hij haastte zich verder. Het pad eindigde bij de akkers. Het graan was nauwelijks uitgestoeld, het stond er schriel bij. De wind harkte soepel door de halmen, rukte dan ineens hard aan de onrijpe, groene koppen. De planten bogen gedwee, veerden terug als de vlaag verdween. Het land steeg. De vracht die hij op zijn rug droeg, voelde zwaar. Dit voortduren van tegenslag maakte hem onzeker. Stof waaide op, hij hield zijn omslagdoek voor zijn mond, plantte zijn stok stevig neer bij iedere stap die hij zette. Hij boog koppig tegen de wind.

De heuvel keek uit over de kleine vlekken die de akkers en het dorp vormden, verderop glinsterde een elleboog rivier in het late licht, de rest was steppe: open land met her en der wat bosjes. Zijn wimperharen trilden, zijn baard ritselde tegen de omslagdoek. Hij ging zitten en haalde de Moedersteen uit de buidel op zijn rug, veegde gedachteloos iets van haar borsten. Zijn hand gleed van de smalle staak die precies in zijn palm paste, naar de brede rug.

Ooit had hij een bijennest op de grond gevonden. Het volk had waarschijnlijk een te dunne tak uitgekozen om het nest aan op te hangen. Weken moesten ze gewerkt hebben en eenmaal gevuld met voorraden honing en broed, boog de tak door en brak. Hij had er met zijn voet tegen getikt, maar de bijen waren al lang vertrokken, hadden hun honing achter moeten laten. Ze hadden er destijds een feestmaal aan gehad. De blinde paniek van gazelles, ook zoiets. In het najaar lieten ze zich in de door de dorpelingen gebouwde kralen jagen, ieder jaar opnieuw. Een kudde, tam of wild, beheerste je door je lichaam op de juiste plek te positioneren, het te bewegen ten opzichte van het kuddelichaam. Niet moeilijk, als je wist hoe. Eenmaal in de kraal kon je ze een voor een afmaken. Het was de kudde die ze vingen, de enkeling die ontkwam.

Hij sloot zijn ogen en wiegde, prevelde steeds dezelfde woorden in de taal van de doden. Hij riep haar aan. Zij had de eersten uitverkoren, daarna had voorouder na voorouder haar gedragen en vereerd. Zij had hen altijd geleid en zij was het die hun velden liet bloeien. Omdat zij verbond wat de mensen verdeelde.

De Waker zat zo een tijd te schommelen en te prevelen, maar de Moedersteen bleef stil. De wind werd brutaler, rukte aan zijn kleed, zwiepte het gemeen hard tegen zijn gezicht. De man wreef ontstemd in zijn ogen, zijn gebed halverwege afgebroken. Zo kwam het van kwaad tot erger, hij betreurde zijn eigen zwakte. Besluiteloos keek hij naar het dal waar inmiddels de schemer won. Af en toe benam de wind hem de adem. Om hem heen kreunden de takken. Zou er nu een op zijn kop vallen, dan moest dat maar zo zijn. Maar hij meende het niet echt. Beschaamd om die onnozele gedachte, voelde hij zichzelf krimpen tot een zaadpluis. Weggeblazen zou hij zo het dal in zweven. Ook dat moest dan maar zo zijn. Hij zou zich met het stof uit het dal vermengen en zich omhoog laten zuigen. Precies zoals nu voor zijn ogen gebeurde, het stof voor hem schikte zich en werd een veelvormig geheel. Hij keek naar het spel van stof en wind, wind die stof werd, of andersom. De wolk wervelde en nam steeds andere vormen aan, er ontstond iets wat leek op een kop. Dan weer blies de wind een gat in de buik, het wezen loeide. De buik voegde zich samen en nu ontstond er een dikke slang. De omslagdoek van de man gleed van zijn mond die openhing. Want uit de bek van de slang werd iets opgehoest. Twee armen met maaiende handen. Het wezen groeide, er kwam een lijf, de slang loste op. Het stak zijn tong uit, die naar beneden rolde, er leek geen einde aan te komen, de tong raakte met het tipje bijna het dal. En op dat moment hoorde het binnenwezen van de Waker de stofgeest spreken: Ik ben heel. De wind gierde, brak de zin af en blies de woorden uiteen als een dom hoopje bladeren. Heel wat, vroeg de Waker zich af, maar onverstoorbaar herhaalde zijn binnnenwezen: Ik ben heel. Wacht. Heel, als in zonder butsen of gebreken? De Waker had geen tijd de gedachte uit te proberen, daar klonken alweer de drie hypnotiserende woorden: ik ben heel. Zou het, dacht de man en hij prevelde de drie woorden mee. Ik ben heel. Samen, hij en de stofgeest, herhaalden ze de zin keer op keer en de man begon te geloven dat het klopte wat hij zei. Het gaf hem een wonderlijk gevoel. De wind blies lussen in de stofgeest, steeds wijder, maar de geest brak nooit af. Zo bleef hij hangen voor de man. Ik ben heel. Hij sprak nu hardop en gegrond. De wind bulderde, hij schreeuwde terug, hij was heel! De omslagdoek waaide van zijn hoofd. Hij greep de Moedersteen steviger vast. En de stofgeest sprak: Ga. Beduusd stopte de man halverwege zijn zin. Luisterde of er een vervolg kwam, een nieuwe zin, spitste zijn oren, maar de wind had eindelijk gewonnen, de stofgeest verloor iedere vorm en loste op. Ga? Wat moest dat betekenen? Het kreunen van de takken was overgegaan in kraken.

De Moedersteen had al die tijd gezwegen, we hadden niet anders verwacht. Zelfvoldaan wachtte ze op wat wij zouden doen. Geen tijd om verantwoordelijkheden af te schuiven of ons te beklagen, wij dachten zo hard we konden: *Ga met Ra.*

De Waker twijfelde. Of had hij het verkeerd verstaan en was het: Ra? De naam van de vreemdeling, de reden dat hij hier zat. Ga met Ra, zou dat bedoeld zijn? Een cryptische boodschap, maar dat was hij wel gewend. Duiden was zijn gave.

Vele malen stelliger dan wij wist de oude man als vanouds vrij zeker wat zich hier had afgespeeld. Het zij zo. Want wij waren er niet voor het verhaal maar voor het mechanisme. Bovendien, ons belang lag bij Ra en dat leek vooralsnog ruimschoots gediend.

Vergeefs tastte de Waker naar de omslagdoek, greep naar de buidel naast hem en tilde de Moedersteen er behoedzaam in. Met zijn ogen half dichtgeknepen tegen het hagelende zand, begon hij aan de tocht naar beneden.

12

De boom ligt gestrekt. Ik duw de tandem klungelig voor me uit het tuinpad op. De flagstones liggen als slapeloze ogen diep verzonken in hun kas. De aarde stuwt hier niet, ze klinkt in en trekt alles grijpgraag naar beneden. Het vele licht heeft de boom verraden. Zijn enorme kruin, een wereld van konkelend loof, ligt in een ongemakkelijke hoek in het gras. Duizenden wezens, insecten, vogels, mijten, mossen, zijn hun huis kwijt. En wij, ik zie mijzelf en mijn broer en zus weer hangen in zijn takken, vliegers en voetballen ving hij moeiteloos uit de lucht, altijd waren we hier buut vrij. Was de boom een andere kant op gevallen, dan was oom Filips vakantiehuisje als een natte tent bezweken, de ruggengraat van het dak geknakt, de eensteensmuurtjes verbrijzeld.

Ik zet de fiets tegen de schuur en volg de kruin naar beneden, de schilferige witte stam, op sommige plekken wrattig uitgestulpt. Rondom puilt klittig gras waar vlieren in groeien. Ze steken er met hun hardgroene stengels boven uit. Hij ligt hier al even. De borders koken over van onbenoembaar groen. De voet van de boom is deels meegekomen en heeft de aarde ontwricht. Wortels steken in de lucht als verkoolde vingers, stijf wijzen ze omhoog. Daar waar ze scheurden, is het potloodblanke binnenste te zien. Voorbij de warrige kluit kijk ik in de aarde: een gapende, droge wond. Een ondiepe krater, alsof de boom nooit werkelijk zijn best deed hier lang te blijven.

Als ik hier wil zaaien, moet ik aarde terugwinnen. Ik buk en pak een hand. Het ruikt goed, levend.

Niet gefilterd door berkenloof baadt binnen alles in het licht. Op de kokosmat onder mijn voeten zie ik haren van de al lang gestorven Kik. Ik haal de steen uit mijn rugzak en zet hem op tafel, vol in het licht. Dan doe ik mijn jas en schoenen uit, pel de buitenwereld af. Op mijn sokken loop ik naar de keukenkastjes en trek ze open. Ik schuif plakkerige pannen aan de kant, overjarig glaswerk, kerstservetten en tupperware zonder deksels. De erwten moeten weken voordat ik ze morgen kan voorzaaien. Een paar bakjes zet ik achter me op de keukentafel. Achter de koektrommel vind ik een jeugdrelict: het blik sterke-dierenboter met daarop de afbeelding van twee teckels die als Popeye hun spierballen rollen. Oom Filip had er het bijpassende verhaal bij bedacht. Als wij deze boter aten, en pas jaren later kwamen wij erachter dat in het blik precies een doodnormaal pakje margarine paste, werden we ongelofelijk sterk. Maar dat niet alleen. We zouden ook het dwerghertje zien.

Ooit leefde er een hele kudde van deze kleine herten op het eiland, hij had dat zelf nog meegemaakt als kind. Gedetailleerd beschreef hij hoe ze niet groter waren dan drie op elkaar gestapelde broden, zijn hand wees de hoogte, dat hun vacht de kleur had van herfstig beukenblad, van dat geaderde roodbruin dat het licht kleurt, waardoor het lijkt alsof de hele boom in brand staat, en dat ze lange slanke nekken met grote donkere ogen hadden. Probeerde je dichterbij te komen, dan waren ze, rats, weg.

Tot dat moment was het mijn liefste wens een kabouter in een kooitje te bezitten. Dit verlangen verving ik subiet door een dwerghert. Niet alleen omdat me dit haalbaarder leek.

Oom Filip vervolgde dat er nooit een de verkeerde kant op liep. En niemand had ooit een karkas gevonden, nog geen kaakje, zelfs geen kies. De eilanders, zoals mensen doen, zochten naar verklaringen. Misschien waren de hertjes als godenkinderen hun dood ontgroeid of was er ergens een gewijde plek in het bos waar ze stierven, een soort olifantenbegraafplaats, onbereikbaar voor mensen. Daar zou hun kleine gebeente, als in een aards Walhalla, gestapeld en ontzield, zich onttrekken aan nieuwsgierige blikken. Misschien waren het de nooit voldragen eilandkinderen, opperde iemand. De mensen snoven. Daar had je het niet over, die nooit geleefde levens. In plaats daarvan vertelden ze elkaar dat het hoefje van zo'n dwerghert geluk bracht. Op dit punt in het verhaal flikkerden mijn ooms ogen verontwaardigd en begon ik te schuiven op mijn stoel. Ik wist wat er ging komen. Omdat ze het elkaar keer op keer vertelden, zei hij, bleven ze erin geloven. Ze leerden hun margarine-etende kinderen hele kleine strikken te zetten en vingen stuk voor stuk de hertjes weg. Om hun hals droegen ze het bewijs van hun wrede bijgeloof: een hoefje of een reepje vacht, een kies, de kwast van de staart. Zijn ogen wezen als twee schuine strepen naar beneden. De dwergherten waren inmiddels officieel uitgestorven, maar hij was ervan overtuigd dat er nog eentje rondliep. Het laatste dwerghert.

Ik smeerde dik beboterde boterhammen en merkte de vooruitgang in mijn ogen. Iedere dag zag ik meer.

Het is waar, ouder worden maakt blind. Na de jeugd, nadat alle lege plekken in je binnenste zijn ingekleurd, alle vragen zijn beantwoord of kinderachtig bevonden, verdwijnt geruisloos het mysterie en daarmee de mogelijkheid. We willen te graag begrijpen, dus maken we plaats en groeien er zo snel mogelijk naartoe. Vullen de ruimte met onszelf, zoals de worm zijn gang. Daarbuiten bestaat er niets. Net als ons denkraam vertoont ook de wereldkaart al lang geen lege plekken meer. Nu onontdekte eilanden zijn bezocht, de evenaar is bepaald, elke rots en elke zandplaat van iemand is, iedere rivier is benoemd en alle bergtoppen zijn beklommen, nu sterft ook langzaam de fantasie een roemloze dood. Een geloof in God belijd je in stilte, verzonnen verhalen zijn verdacht.

We hebben het niet door, maar het vermogen het ons anders voor te stellen, is al heel lang tanende. We weten namelijk bijna alles en al het andere is bewezen uitgesloten. We zijn, trouwens, nog steeds ongelukkig.

De luchtdruk in de kamer verandert. Ik voel hoe hij naar me kijkt, stel me voor hoe hij daar staat met zijn lange schaduwlichaam, in het felle zonlicht op de deurmat. Ik draai me niet om.

In ieder bakje of glas schud ik erwten, dan zet ik ze onder water. De stugge zaadhuid zal zachter worden, het vocht zal de slapende kiem wakker weken. Ik trek mijn jas en schoenen weer aan en stap naar buiten.

Er moet veel gebeuren. Met de spade loop ik naar het voetgat van de boom. Ik laat hem met kracht neerkomen. De achtergebleven wortels bieden weerstand. Ik wrik hem los, kijk naar het blanke wortelhout en laat de spade met nog meer geweld op dezelfde plek landen. Het blad komt nauwelijks verder dan de smalle bres die ik net sloeg. De terugslag trilt door mijn arm, naar mijn schouder. Ik adem de fijne zeelucht in. Meer lucht in deze lucht. Vogels bakkeleien. Ik trek de spade los uit het wortelhout. De hoofdwortels van de boom liggen als verkalkte, zwart uitgeslagen spataders boven op de aarde in het gras. Alsof er niets gebeurd is. Na een derde slag besluit ik ernaast te graven. Want de wortels moeten weg. Een boom is niet wat je ziet, een boom is juist ook zijn onzichtbare wortels die zich in de aarde vastgrijpen, daar ruimte innemen. Die zijn nog grotendeels intact en zullen er jaren over doen om verteerd te raken. Zoveel tijd heb ik niet. Mijn erwten zullen niet groeien als er ondergronds geen ruimte is. Ik moet ze een beetje op weg helpen. Alles moet weg, ook de dunne wortels eronder, het gapende voetgat gedicht, de stukken stam opgeruimd. Een week of drie heb ik. Morgen zaai ik de zaden binnen voor.

De spade splijt verrast wortelloze grond. Als een lekke zandzak gutsen herinneringen naar buiten. Pas als twintigjarige sneed ik voor het eerst weer een tomaat open die net als die van oom Filip van binnenuit was gaan leven, het zaad gekiemd in de schoot. Te lang had ik mij voorgesteld dat oom Filip als een eigentijdse alchemist, naast de renovatie van zijn vakantiehuisje en zijn plannen voor een synthesizer die alle frequenties kon voortbrengen, ook de tomaten aan de stroom had gelegd. Kleine geleiders, dun als naalden, door de tomatenhuid geprikt, stootjes gevend aan de slapende zaden die tot dat moment zwevend in het vruchtwater hun godenslaap sliepen. Geprikkeld ontwaakten ze. Hun interne klok gepareerd, begonnen ze willoos suikers te verbranden die energie leverden om DNA te lezen, aminozuren aaneen te ritsen tot eiwitten, eindeloos lange cellulosemoleculen die celwanden, haarwortels en steeltjes vormden. Groei die de zaadhuid deed barsten. Niet lang daarna zouden ze tegen de randen van hun bestaan aan botsen. Zo'n vrucht had daar niets over te zeggen. Dit beeld had onredelijk lang standgehouden, ik wist natuurlijk wel beter. Toch had ik deze overrijpe tomaat nodig om tot dat besef te komen. Goh, griezelde de huisgenote die naast mij stond af te wassen. Ze studeerde pedagogiek of iets met communicatie. Nog prima te eten hoor, zei ik en verwijderde het kroontje, pielde de kiempjes eruit en sneed het resterende vruchtvlees in blokjes.

Ik neem grote happen zanderige aarde, graaf naar de wortels toe. Dat de tomatenzaden helemaal niet zoiets grofstoffelijks als een elektriciteitsimpuls nodig hebben om te kiemen, maakt het proces alleen maar mooier. Mensen hebben er uiteindelijk maar weinig invloed op en dat oom Filip dat wel zou hebben gehad, was een wensgedachte. Omdat hij dan dichtbij was geweest.

Waarheidsvinders worden niet gewaardeerd, en ik denk aan de hoofdpersonen in Tsjechovs verhalen die ofwel zwichtten voor het burgermansbestaan of werden opgesloten. Er gaat onveranderd hulp aan het fatale einde vooraf. Want de mensen vinden er wat van. Ik ben gewaarschuwd, ik zal het in stilte doen, alles openspitten, plak voor plak. Voordat ze me komen helpen. Optillen, draaien en de begroeide kant onder in de spitgeul neervlijen. Wat onder lag, komt boven en wat boven lag komt onder. De spieren in mijn rug janken. Ik ga niet rechtop staan, ik ga door en ik hak en halveer dunne wortels, wormen en aardrupsen in legerprint. Een spin op haarfijne poten spurt weg. Alleen als ik kan bewijzen dat ik niet in de war ben, maar dat het systeem niet deugt, alleen dan heb ik bestaansrecht.

Spontane ontkenning: verdacht, zegt de vrouw die ik nooit werd en ze voegt eraan toe dat de lijn dun is, tussen gekte en genialiteit. Dat ik onsamenhangend klink, trouwens, en dat het alles is wat ze zegt.

Mijn lijf van veel te zachte klei gekneed, bezaaid met afgebakken vingerafdrukken. Ze hoeven niet weg, ze zijn mijn bewijzen. We hebben de werkelijkheid veredeld, zoals een heckrund, zijn daarna collectief het fokken vergeten.

Je lijdt aan het messiassyndroom, visionair van een spookwereld, maar waar zijn je apostelen? Niet gek worden, meisje. Ik waarschuw je, de lijn –

Een doffe klap, de spade raakt iets hards, ik smijt hem van me af. In woede verlang je dat de dingen scherpe projectielen zijn, met een krachtige boog neerkomen en dan genadeloos iets splijten. Het ding klettert onhandig neer tussen meebuigend onkruid. Wankelend stap ik naar achteren. De aarde zwijgt. Ze laat met zich sollen, toont me onbewogen haar binnenste. Druppels die aan mijn neus hingen, landen op de grond. Nu zijn we verbonden, aarde, mijn vocht vermengd met het jouwe. Zwaar en genoegzaam rust ze in haar nieuwe constellatie. Niet van haar stuk te brengen. Om mij heen is het een mijnenveld, overal kuilen en omgewoelde grond. Ik hurk en verwacht een steen maar het is een kabelachtige wortel die ik raakte, niets bijzonders. Mijn meegenomen steen wacht binnen op tafel, werkeloos. Met een mouw veeg ik mijn neus af. Ik pak de spade uit het natte onkruid, een onschuldig ding.

Het moet anders. De hoge stukken onkruid moet ik eerst maaien voordat ik kan spitten en de gevallen boom, het grootste struikelblok, moet in stukken worden gezaagd.

Die tomaten, dat was natuurlijk puur toeval. Oom Filip zocht iets anders.

Op de fiets naar het dorp denk ik aan het laatste dwerghert. Ik wilde het vangen en dan troosten, mijn handen diep in zijn vacht, bewijzen dat er goede mensen bestonden, dat ik er zo een was. We zouden een broederschap vormen. Verder hadden we niemand nodig. Het gebeurde nooit, maar het hielp dat ik het diertje iedere dag kon tegenkomen.

De laatste van je soort te zijn. Een unieke eenzaamheid lijkt me, om nooit meer een vergelijkbare ziel tegen te komen. Weten dat met jou een hele soort verdwijnt. Gevangen op een eiland bovendien. Want na miljoenen jaren evolutie op een vredig eiland raken de lichamen van eilandsoorten iets kwijt. Vleugels verliezen hun functie, lichamen zijn te groot en plomp geworden of, in het geval van de dwerghertjes, juist te fragiel om weg te zwemmen. Belangrijker misschien, ze verliezen de wil te vertrekken en krijgen er reisangst voor terug. Daar kan ik me wel iets bij voorstellen.

Het laatste dwerghert, haar hoefje heb ik niet nodig. Ik voel haar ogen in mijn rug. Kijk ik achterom, dan is ze net weg. Soms glijden onze verhalen als twee negatieven over elkaar en zie ik mijzelf, drie broden hoog, eindigen met een been in een strik, trillend over mijn hele vel, wachtend om gevonden te worden door iemand die in het verkeerde verhaal gelooft.

13

De Waker geloofde in het goede verhaal, bleek bij zijn terugkomst. Op de berg had de Moedersteen tot hem gesproken, sprak hij overtuigd. Ra en hij moesten een reis maken, terugkomen met een antwoord, daar kwam het op neer. Het klonk logisch, de mensen knikten, opgelucht dat er van hen niets werd verwacht.

Het klopt dat we op het punt stonden onze grip te verliezen. Niet nu pas, sneerden sommigen van ons en ze verhieven hun stem, al veel eerder! Waarna ze zwegen als mokkende geliefden. Onze nazaten, ze doen maar, zeiden anderen en dat grip altijd al een illusie was geweest. Ze klonken erg alwetend in hun berusting. Wat niet hielp was dat we Ra al heel lang niet meer voor onszelf hadden gehad. In dit dorp deed niemand iets alleen. Gezamenlijk sjouwden ze met water, maalden de laatste beetjes graan of hoedden schapen en aan het einde van de dag maakten Bes en Ra eindeloos vlechten in elkaars haar. We keken ernaar, meer dan ooit onthand.

De volgende dag werd Ra ontboden. De Waker leidde haar naar het midden van de schemerige ruimte, gebaarde haar te hurken. Tussen hen in knikkebolde de Moedersteen. Voor haar voet flakkerde een lichtsteen. De ondiepe holte was gevuld met schapenvet, in het midden brandde een pit. Naast de Waker en de Moedersteen ontwaarde Ra nog drie schimmen. Ze spande zich in, zag dat het schedels waren, hun tanden beten in het stof. Nu wist ze het zeker, het werd een reis naar binnen. De Waker wees ongeduldig, maakte een gebaar. Ra begreep het en kuste de schedels, vroeg om wijsheid, begeleiding en een veilig wederkeren. Daarna kuste ze de vloer, boog diep voor de knekels van voorouders van wie ze dacht dat het niet de hare waren. Ze was zichtbaar nerveus. Het was een onwennig bestaan, als de ander die ze was geworden, voor wie nieuwe regels en verwachtingen golden.

De Waker prevelde in zangerige tongen en haalde vanonder zijn gewaad een leren zakje tevoorschijn. Er ging een hoopje van een poederige substantie op de linkerborst van de Moedersteen. Wij kenden dit spul, het was fijngemalen zwart meel, moederkoren. Een schimmel die het graan bedierf. Nam je te veel, dan belandde je schuimbekkend bij ons. Wij, recente voorouders van Ra, konden het inderdaad niet levend navertellen. Schuldgevoel is een sterke drijfveer. We hadden gegronde twijfels bij deze interventie. Anderen onder ons gingen daar minder onder gebukt. Zij gingen er juist eens goed voor zitten, schudden slaperigheid van zich af, net als de Moedersteen, en voelden zich opperbest. Het was maar hoe je ernaar keek en ze hadden het weliswaar van horen zeggen, maar moederkoren brak de mensen open, het maakte ze poreus en wiste ze uit. Daarna waren ze eenvoudig in te vullen. We besloten hoe dan ook: dit mensenkind ging niet alleen. Wij zouden haar begeleiden.

De Waker likte het poeder eraf, raakte met twee vingers het heilige midden op zijn voorhoofd. Nog wat poeder op haar rechterborst, voor Ra, die twijfelde. Ze dacht aan de man, het schuim in zijn baard en de vlammende schuur. Wij besloten met een nipte meerderheid dat dit niet het moment was voor twist met elkaar of die steen. Kom, gebaarde de Waker. Toe, dachten wij. Ra likte.

Middenmens, zoals ze door hen werd genoemd, had ons meer dan ooit nodig. Ze moest ergens heen, dan terugkomen met een antwoord. Het beproefde narratief, voor jongens, welteverstaan, want zij waren het die terugkeerden als mannen.

Ra zuchtte, haar gedachten articuleerden: bang dat de voorouders haar niet mochten. Bang dat ze de Moedersteen bedroog.

We zagen de kei prevelen, welke voorouders? Een vilein lachje, al was dat misschien maar verbeeld. Een effect bleef trouwens uit, Ra was nog te veel bij zinnen. Ze vervolgde: bang dat ze iets anders had moeten vertellen. Was het echt gebeurd, hadden de mensen gevraagd. Op dat moment had ze moeten vertellen over de stier met dat insect in zijn wang, haar gedaanteverwisseling, Bes met haar handen, hoe ze naar haar keek. Wij – niet onder de indruk, dit wisten we allemaal al – zagen Ra eindelijk gaan, zagen haar zakken in onze schoot.

De ruimte deukte, alsof er een hand op rustte. Hoeken maakten zich los en dreven dichterbij. Het licht of de afwezigheid ervan danste. Ra liet zich meenemen, het hele spektakel had iets troostends. Het dak verdween, ze keek in de holbuikige hemel, met sterren die gloeiden als rijpe graankorrels. In de verte zongen vrouwen.

Ra draaide zich op haar buik, legde haar wang tegen de aarde, greep haar als een schaap, vingers diep in het stof, streelde haar als Bes. De aarde omarmde, Ra dook. Ze opende haar ogen en zag alleen de Moedersteen.

Vergeet niet wat je moet vragen Ra. De Moedersteen groeide, Ra schrok. Ze was enorm, haar borsten waren richels waarvan je dood kon vallen, het topje van haar fallushoofd wees naar de sterren.

Nee, niet vergeten, stamelde Ra, maar ze had geen flauw idee wat ze hier kwam doen. Ze schudde haar hoofd. Er welden tranen, alsof je daar iets aan had.

Ineens stond ze aan de oever van de rivier. Het ondoorzichtig rode stroomlichaam lokte haar en daar waren ook ineens de vrouwen, ze zongen en liepen haar achterna, zo het water in dat ergens naar rook. Het was veel dieper dan laatst en haar voeten verloren contact, maar het lichaamswarme water tilde haar op. Niet vergeten, riep de Moedersteen haar achterna. Nee, nee, ze draaide zich om naar het gesteente dat was uitgegroeid tot een rotswand. Ze wist het alweer, geen zorgen, ze zei het met een stem die trilde. Het water klokte stroperig rond haar middel en ze keek omhoog, de lucht was opvallend mooi. Ze boog dieper om er meer van te zien, alleen het blauw en verder niets. Kijk, zei ze tegen haar moeder die haar hoofd ondersteunde, kijk nou hoe mooi en haar moeder knikte, zei dat ze altijd haar lieve kind zou zijn. Met een enkele schok huilde Ra want ze wist dat haar moeder al was gegaan, dat ze haar hier achter zou laten en hoe moest alles nu in godsnaam verder? Ze liet zich drijven, op haar rug, gedragen door haar moeders handen. Totdat die verdwenen. Nee, snikte ze. Misschien was het maar gewoon een stier, ik bedoel een échte, ik was gewoon in de war. Dit hadden ze tegen Ra gezegd: we doen het samen. Een leugen. Ze stikte haast van woede, vergeten hoe te ontsnappen, hoe te zwemmen. Ze sloeg haar handen op het wrede wateroppervlak, wendde zich tot de hemel die met haar eenogige iris, ereprijsblauw, naar haar knipoogde. Ze wreef de tranen weg en liet zich ten slotte maar meevoeren door de gutsende stroom. De rivier nam een bocht, waaierde daarna breeduit en vertraagde. Ra bewoog haar benen nogmaals naar beneden. Het lukte, ze kon hier staan. Ze zette een stap richting de oever, dacht na over wat ze vergat, het antwoord en de vraag. Nog een stap, maar de oever kwam niet dichterbij. Ze zat vast in een lus van water. Op de kant zag ze de zingende vrouwen, ze zwaaiden. Het lied ging over korter wordende dagen, een trotse ram die vocht met een ander en glansrijk won, de ooien tevreden en in het voorjaar waren er lammeren, dat was het eerste couplet. Het refrein ging over goudgeel graan en dorsende mannenarmen, Ra worstelde met de lus en keek op toen het zingen plotseling stopte. De vrouwen schreeuwden en wezen achter haar. Ze draaide zich om. Daar had je hem weer. Als een harig vlot dreef het bakbeest haar kant op. Met zijn ondoorgrondelijke stierenogen keek hij haar aan. Ook dit keer had hij niets bedreigends en dus reikte Ra hem weer de hand. Maar de stier loeide hoog en verbolgen, boog zijn enorme kop opzij en watertrappelde dichterbij. De starheid van zijn gezichtsuitdrukking was het enige wat haar beangstigde. Ra, vast in de lus, kon niets anders dan op hem wachten, zijn neus duwde al tegen haar binnenwezen. Hij boog de vuistdikke hoorns naar beneden, Ra zette zich schrap voor een opdoffer maar die bleef uit. Zijn kop, groter dan een maalsteen, zoefde door haar heen, ze voelde enkel iets kriebelen ter hoogte van haar keel, haar wangen bolden, haar lichaam draaide en rees. Overspoeld door een hete vloed duwde iets haar omhoog en daarna stak alles ten noorden van haar navel boven water. Alleen haar onderlijf was nog onder en vaag voelden haar voeten zoiets als keien en grind. Ze keek naar beneden maar wist het eigenlijk al: sterke, zwart behaarde schouders en flanken. Ze tilde een been op en inderdaad, dit was een poot. Onder haar billen tintelde iets, ze keek, verder naar achteren dan ze was gewend: een tweede paar gespierde poten. Tot haar grote vreugde zelfs een staart met een natte kwast, ze zwiepte ermee alsof ze nooit anders had gedaan. Ze probeerde de poten. Lopen ging geweldig, met vier was je altijd in evenwicht. Wat een weldaad, alsof ze zweefde. Haar armen hoefden niet te maaien, ze vouwde kalm haar handen in elkaar.

Het was verdorie echt gebeurd. Ze was het enkel vergeten.

Ondertussen kwam de oever geen spat dichterbij. Dus kloste Ra vierpotig met het water mee. Het leek ingewikkeld want de rivier stroomde opwaarts, maar het water duwde haar vooruit. Alles was makkelijker met vier poten. Zo snapte ze nu ook waarom de mensen naar haar keken zoals ze deden. Waarom alles anders was dan wat ze had gedacht omdat ze dacht dat ze was als de anderen maar dat was ze niet. Pas nu dat allemaal klopte, zag ze hoe hiervoor ieder verband had ontbroken. Niet alleen het verband trouwens, zelfs dat het ontbrak was haar ontgaan. Wat een dwaas! Maar het was een vrolijke constatering, ze kon het zich permitteren nu ze zo kloppend tevoorschijn was gekomen. Dat maakte dorstig. Ze bukte en stak een tong uit, zwiepte een gulp water naar binnen en proefde te laat. Het smaakte zwaar en lichamelijk. Ze schrok. Bij nader inzien was de rivier niet okerkleurig maar misschien – ze keek – van bloed. Haar binnenwezen kromp, liet haar lichaam los. Hier ging iets heel erg mis. In haar haast weg te komen, gleed ze met meerdere poten uit over de losse keien en verloor opnieuw contact met de bodem.

Ze wist genoeg, keek op haar rug naar die smetteloos blauwe hemel en schreeuwde: ik wil terug! Ze spande al haar spieren en heel even dacht ze in een hemelholte de Waker te zien, ze graaide, maar het water bood geen weerstand, ze zakte juist dieper weg en de Waker werd al kleiner, verdween. Ze schreeuwde woordeloos, van pure frustratie, tot ze ook daarmee stopte.

Verderop kwam de rivier in een stroomversnelling. Ra draaide haar hoofd weg voor het onvermijdelijke want niemand, zoveel was haar inmiddels duidelijk, zou haar helpen. Boven haar was de lucht rood als het water, er cirkelden gieren. Ze lummelden traag hun eeuwige rondjes. Ze dacht: Het is ieder voor zich en op dat moment spoog de rivier haar uit, voorbij de stroomversnelling, kopje-onder, ze hapte bloed, kwam kokhalzend boven en opende haar ogen. Het water vertraagde en ze herkende de plek waar ze laatst hadden gezwommen. Ze zocht de oever af, zag Bes staan, tot haar enkels in het water, naakt. Haar heupen duwden vooruit, de rug enigszins hol. Bes, fluisterde ze, gelukkig. Bes met het zachte haar. Haar beide handen rustten ter hoogte van haar geslacht. Ra keek beter en zag dat de handen het openvouwden, dat ze staand plaste, een stevige straal. Daarna draaide ze zich om en liep naar de kant waar Fern lag. Bes hurkte en pakte met haar hand, alsof die hand nooit anders had geweten, zijn geslacht. Niet doen, dacht Ra, maar ze deed het toch. Schrijlings schoof ze op zijn schoot. Het water kreeg weer grip op Ra, ze dreef verder, keek nog achterom. De twee vreeën schokkerig als dieren, maar verdwenen al snel achter de bocht, de rivier had nog nooit ergens op gewacht. Het water stroomde harder. Niet vergeten, dacht ze. Het water dijde uit, de oevers verdwenen. De rivier leek zich niet langer om haar te bekommeren, al was er ook nooit sprake van moedwil geweest. Nogmaals ging ze kopje-onder. De rivier was moe na deze reis, gutste in het oeverloze, in de zee. Ra likte het brakke vocht van haar lippen, waste zich in het heldere water. Ze keek in de verte. Een einde zag ze niet maar wel een streep.

14

Of ik weleens met een kettingzaag heb gewerkt, vraagt de man van de ijzerwarenwinkel. Hij verkoopt ook tuinameublementen, vliegers, pannensets, mokken met zeehonden en koelkastmagneten. Onderzoekend kijkt hij me aan, begint dan een verhaal over tweetaktmotoren, startkoorden, choke, het slijpen van de zaagketting en soorten olie. Een tactiek misschien, ik val hem in de rede en schets hem de situatie: de dikte van de boom. Hij knikt en verdwijnt naar achteren. Ik loop naar een rek met werkkleding en schuif wat donkerblauwe truien aan de kant. Alles in mannenmaten. Ik vis de kleinste tuinbroek ertussenuit en loop terug naar de kassa. Halverwege blijf ik staan voor het rek met groentezaden. De erwten zijn van een bekend ras. Ik pak een zakje, voel door het papier de ronde korrels.

De boer helpt de erwt en spuit de luizen dood.

Aangewezen op zichzelf is de erwt reddeloos. Eigenschappen die hij en andere groentes ooit als wilde planten bezaten, zoals vezeligheid en bitterstoffen, selecteerden generaties boeren er in de loop van honderden jaren al uit. Daar borduren wij, moderne veredelaars, enkel op voort. We maken ze nog zoeter, sappiger en rondborstiger, waarmee ze niet alleen voor ons, maar ook voor luizen, aardvlooien, tripsen en slakken onweerstaanbaar worden. Het is juist die weerloosheid die erwten gemeen hebben met eilandsoorten. Hun ontbreekt het aan scherpe klauwen of tanden, schutkleuren, een pezig en wendbaar lichaam en bovenal alertheid. Zoals de dodo, die zich doodgemoedereerd liet opeten, vogel na vogel. Misschien is dat zelfs hoe de Floresmens aan zijn einde kwam, liet hij zich, te weinig mensenschuw, met dezelfde gelatenheid afslachten of verjagen.

De afwezigheid van weerbaarheid lijkt op tamheid. Maar tam word je niet geboren, dat word je door een proces van temmen. Een wild dier, zoals een olifant, kun je temmen. Maar pas wanneer je gericht gaat selecteren en het voortplantingsproces stuurt, verander je het dier genetisch. Pas na een langdurig proces van fokken of veredelen, is het dier of de plant gedomesticeerd.

De zeeleguaan, een andere eilandbewoner, ontwikkelde een gigantisch lichaam. Zo is hij beter bestand tegen temperatuurschommelingen. Een aangename aanpassing voor een koudbloedig dier dat voor zijn lichaamswarmte afhankelijk is van buiten. Hij kan zich dat trage monsterlijf veroorloven omdat niemand op hem jaagt, ze kijken wel uit. Deze zeeleguaan bestaat. Hij laat zich rustig pakken en zal het eiland nooit zelf verlaten. Hij schraapt algen van de zeebodem, weerloos maar ongetemd. Noem hem niet naïef.

De man verschijnt met een kruiwagen vol spullen: de kettingzaag bovenop, daaronder een zaagbroek, veiligheidslaarzen, handschoenen, een gereedschapssetje en een jerrycan. Ik hang de erwten terug. We komen overeen dat de spullen, inclusief vier zakken potgrond, morgenochtend langs worden gebracht want dit krijg ik niet mee op de fiets. Hij noteert mijn adres.

'En een kuub compost, waar kan ik dat krijgen?'

'Een kuub?'

'Achterstallig onderhoud.'

De man knikt traag, niet geheel overtuigd en hij schrijft het telefoonnummer van de gemeentelijke groendienst voor me op.

Ik stap op de tandem. Het is een opluchting het dorp weer achter me te laten. Ik kan deze man niet uitleggen wat ik wil met de erwt en zijn verloren autonomie. Het begint met de landbouw en die is failliet. Hij bestaat uit een bijzonder destructieve vorm van hulp. Het grootschalig doden van bijvoorbeeld luizen staat nooit op zichzelf. Het ontregelt de gehele voedselketen. Gaasvliegen, lieveheersbeestjes en oorwurmen die luizen eten, sterven van de honger of trekken weg, evenals spinnen, vleermuizen en vogels die luizeneters eten. En dat is dan nog maar het begin. Precies zo verziekt kunstmest het elegante en complexe samenspel in de aarde tussen chemische verbindingen en organismen, levende en dode, maar ook van hen daarboven. De groene revolutie maakte van de aarde een levenloos substraat. Generaties boeren en wetenschappers zijn hierin gaan geloven. Hierbij vergeleken behandelt de biologische landbouw de aarde als een afgod, alle heil komt van beneden. De biologische boer verzorgt niet alleen zijn gewassen maar ook de aarde alsof het zijn gehandicapte kind is. Beregenen, verluchtigen, bemesten, koesteren, voeden en daarna zo min mogelijk berijden. Kunstmest en pesticiden worden niet gebruikt. De rassen die ik ontwikkelde, moesten daarom weerbaarder zijn dan de gangbare. Maar ook de biologische landbouw treft blaam, hij ligt aan een infuus van fossiele brandstof. Diesel slurpende trekkers zijn nodig om het land te ploegen, daarna glad te trekken en vervolgens de planten met eggen, schoffels of vingers van opdringerig onkruid te bevrijden. Er klinkt een niet-aflatende schreeuw om hulp van gewassen die toegedekt willen worden met insectengaas, die palen nodig hebben voor stevigheid en vliesdoek tegen nachtvorst. Het onkruid groeit altijd harder en het water komt nooit op het juiste moment. Een broccoli zou het in het wild niet redden, hij ontkiemt waarschijnlijk niet eens.

Uitheemse organismen zoals Japanse duizendknoop, rode rivierkreeft en nijlgans zijn soorten die zich volgens behoudzuchtige ecologen invasief gedragen hier bij ons. Het zijn geen waarheidszoekers, het zijn vinders. Ze hebben ons niet nodig en verstoren op eigen houtje de strak op elkaar afgestemde relaties van andere soorten in de ecosystemen waarin ze verzeild raken. Ze zijn te succesvol, overschaduwen de rest met gemak. De ironie hierachter, die ons eigen invasieve gedrag niet herkent, ontgaat veel mensen. Alle drie zijn het wilde soorten trouwens, in tegenstelling tot de Australische ezels. Gebruikt als lastdieren in de negentiende eeuw, ontsnapten ze of werden vrijgelaten nadat gemotoriseerd vervoer zijn intrede deed. Ze hielden stand in de bush, vormden familiegroepen en hadden hun stallen, voer en werk helemaal niet nodig. Ze bepaalden zelf wel wat ze aten, waar ze sliepen en met wie, waar en wanneer ze het deden. Ze verwilderden. Omdat de overheid claimt dat de dieren schade veroorzaken, worden ze afgemaakt. De gebruikte judastechniek maakt haar gruwelijke naam waar. Een ezelin krijgt een zender en wordt dan uitgezet. Zij gaat op zoek naar een kudde, want ezels zijn niet graag alleen. Zo sjokt ze dagen, misschien wel weken, door dat ruige landschap waar beschutting zeldzaam is. Maakt haar niet uit. Ze bezweert haar dorst, knabbelt geduldig op droge takken, gebruikt het stof tegen parasieten en de hitte houdt haar scherp, kortom, ze heeft het soort weerbarstige karakter dat bij haar omgeving past. Eindelijk ruikt ze op een dag haar soortgenoten. Op een drafje komt ze naderbij en wat een geluk, ze wordt door de kudde geaccepteerd. Dan klinkt boven de groep een zwaar geluid, steeds harder. Niet lang daarna zijn er schoten, de ene na de andere ezel bezwijkt. Iedereen, behalve de ezelin, zij kijkt om zich heen. In veel te korte tijd is ze weer alleen. Het geluid verdwijnt. Ze balkt om de stilte op te vullen. Tijd om na te denken is er niet. Wat moet ze anders? Op zoek gaan naar een nieuwe groep, waarna de geschiedenis zich herhaalt. Waarheidsvinders noch verwilderden worden gewaardeerd.

Ik denk aan wat Werner zei over heckrunderen en konikpaarden, dat de laatste stap ontbrak: ze werkelijk loslaten. Ik word de laatste boer, ik ga de erwt verwilderen.

De tandem is zwaar. Ik buk met tegenzin voor de wind. Hij voelt behoorlijk echt maar weerstand, leerde ik ooit tijdens een van de vele zelfverwezelijkingscursussen, hoefde je niet zo serieus te nemen. Het hield je klein, benepen. Het beknotte innerlijke groei. Ik denk aan de oefeningen in tweetallen, de meditatiecirkels, zittend op boekweitkussens. Onze logge westerse lichamen opgevouwen alsof we daarmee verlichting afdwongen, alsof die nageaapte houding de sleutel tot geïmporteerd oosters succes was. Mak staarden we in de vlammen van dikke kaarsen, gadegeslagen vanuit de hoek door koperkleurige boeddha's. We visualiseerden onszelf als kind, we sloegen een arm om dat kind, we gaven het de troost die het klaarblijkelijk had ontbeerd. Er waren mannen wiens schouders steeds verder naar binnen vouwden, tot ze na een paar dagen eindelijk huilden, en dat ontroerde me desondanks. En iedereen vond zichzelf te min. De vrouwen in fleecetruien en kleurige sjaals, de toegewijde twintigers met kaalgeschoren hoofden en harembroeken en de zakenmannen, onwennig op sokken: iedereen voelde zich liefde onwaardig, lelijk of slecht. Ik was als zij. Natuurlijk was ik als zij. We stonden niet op onszelf, een veld kolen zonder boer, we hadden iets nodig. Iemand die zei hoe het nou allemaal moest.

Ik ben bron. Dit was de laatste van een rijtje positieve affirmaties dat ik tijdens zo'n cursus moest declameren. Tegenover mij zat een man die de cursus succesvol had afgerond en de kwaliteit bezat waar te nemen of ik daadwerkelijk meende wat ik zei. Mijn gedachtes dwaalden af naar de uitzendingen van Jerry Springer met de leugendetector. Enger werd het niet, gedachtes hebben en dat iemand ze las.

Het rijtje zinnen leek vrij letterlijk uit het Engels vertaald. Ik probeerde me daaroverheen te zetten want ik raadde al dat het daar niet om ging, dit gesteggel zei enkel iets over mijn pretentieuze oordelen. Kwaad konden de affirmaties bovendien niet, en inderdaad: daar verdampte mijn weerstand, ik sprak ze uit. De man tegenover mij was niet overtuigd, ik meende niet wat ik zei. Daarom moest ik overdrijven en de draak steken, met mezelf. Totdat ik het wel meende. En dan weer van voren af aan, totdat het hele rijtje in één keer goed was. Zo herprogrammeerde ik mezelf en bestendigde ik nieuwe, betere banen in mijn brein. Al snel bleek dat ik het bijna nooit meende. De tijd verstreek. Om mij heen hoorde ik medecursisten zwoegen. Ze declameerden dezelfde zinnen en sloofden zich uit in het overdrijven. Het hotelzaaltje vulde zich met hun angstzweet en geëxalteerde geroep. Aan de muren hingen ballonnen en posters van roofdieren in fotogenieke poses, badend in veelkleurig licht. Ik deed erg mijn best, al was het maar uit gewoonte of om ervan af te zijn, toch meende ik nog steeds verrassend zelden wat ik zei. Ik was niet onverdeeld blij mezelf te zijn, ik dacht niet dat ik dit echt was, ik vond niet dat ik vooruitging, noch vond ik mezelf bron. De bron, zei ik per ongeluk. Nee, 'bron', zei de man tegenover me. Ik ben bron, herhaalde ik tam. Hij schudde zijn hoofd. Nog een keer. Overdrijf. En ik schamperde dat het een raar zinnetje was. Dat ik het daarom niet kon. Het lidwoord ontbrak, en waarom was dat eigenlijk? Hij schudde nogmaals zijn hoofd. Het ging hier niet om grammatica, het ging hier om het feit dat ik niet werkelijk geloofde dat ik bron was. Dat ik me verzette. Terwijl ik dat wel was, bron, als ik het maar echt vónd. Dit was mijn weerstand die sprak, eindigde hij, waarom nam ik die zo serieus? Daar was weinig tegen in te brengen en omdat ik het antwoord schuldig bleef, deed ik wat hij van me verlangde. Volgzaamheid ging kennelijk vooraf aan verlichting. Na anderhalve dag leerde ik dat ik enig talent bezat voor hersenspoeling. Hier ging een doorbraak aan vooraf waarbij ik in een zeldzaam assertief moment woedend het hotelzaaltje uit probeerde te stampen. Ik was die kortsluiting écht. Maar de oppertrainer blokkeerde de doorgang, waarna ik onthand toch maar weer ging zitten en hete tranen huilend voortzette. Prompt dreunde ik het hele rijtje op. Gemeend. Zowel vernederd als getroost, bleek ook ik best in een script te passen. Ik was bron.

Die overtuiging duurde zeker een paar weken. Veel korter dan de ruim tien jaar die mijn terugkerende gedachten aan een ex overspannen. Liefdes die daarna kwamen namen opgeteld minder ruimte in in mijn herinneringswezen. Het zet vraagtekens bij de geloofwaardigheid van een overtuiging. Betekent veel aan iemand denken automatisch dat je veel van diegene houdt? Toen ik dit eens aan Werner voorlegde, bestempelde hij mijn terugkerende gedachtes en dromen, als een neurose, meer niet. Een spirituele vriendin noemde het energie die niet afgerond was in dit leven. Niemand die het weet.

Voor de tweede keer vandaag duw ik de fiets over het tuinpad, dwing mijn gedachten terug naar mijn erwtenexperiment. Ze zomaar loslaten zal niet gaan. Op dit moment dragen zelfs deze oude erwten te veel gedomesticeerde eigenschappen. Zaadretentie, om er maar eens een te noemen. Een kenmerk van veel gedomesticeerde gewassen is dat ze hun zaad na rijping vasthouden, zodat de boer het kan oogsten. De zaaddoos van een wilde plant zal na rijping zo snel mogelijk openspringen. De plant zaait uit, zonder hulp. Dit soort eigenschappen moet ik terugveredelen. Pas dan kan ik loslaten. Maar een erwt is geen pompoen, die qua voortplantingstactiek veel makkelijker te manipuleren is. Pompoenen hebben bloemen die geheel mannelijk of geheel vrouwelijk zijn. Isolatie is daardoor eenvoudig. Erwten hebben gemengde bloemen, hun stamper en meeldraden bevinden zich in hetzelfde hart. Ze zijn tweeslachtig. Daarom bestuiven erwten meestal zichzelf. Wil je een nieuw ras met nieuwe eigenschappen, dan moet dit worden voorkomen. Ik werkte niet eerder met zelfbestuivers, kan me alleen vaag een werkcollege herinneren, ooit. Daarom bel ik Vincent.

Hij is niet verbaasd. Wij veredelaars houden er in onze vrije tijd allemaal projecten op na. Sommigen telen in hun volkstuin preien zo groot als peuters, pompoenen om in te wonen, bijzondere rassen uitjes, enkel gegeten door bepaalde adellijke personen uit de vorige eeuw, of bonen in alle mogelijke kleuren en patronen. We zoeken, ook in onze vrije tijd, de grenzen van een gewas. Op vakantie gaan we niet naar de hortus botanicus of de tot in de puntjes verzorgde kloostertuin vol keukenkruiden. Wij rijden naar de zomen van de stad, waar de rommelige volkstuincomplexen liggen, beheerd door knoestige tuinders die landrassen bewaren en nieuwe cultiveren.

'Wie had gedacht dat jij je nog eens zou interesseren in erwten!' Zijn enthousiasme wint het van zijn nieuwsgierigheid en hij barst los dat erwten inderdaad veel lastiger zijn. Alhoewel de stamper eerder rijpt dan het stuifmeel, vervolgt hij en dat ik van dat tijdsinterval gebruik moet maken. In principe ontwikkelt de bloemknop zich zo, dat nog voordat de bloemblaadjes ontvouwen de ontvankelijke stamper langs de meeldraden groeit. In de praktijk is de erwtenbloem dus al bevrucht nog voordat ze opengaat. Om dat te voorkomen, moet je de bloem emasculeren. In een vroeg stadium, wanneer de bloemknop net begint te zwellen, vouw je de bloemblaadjes open. Timing is cruciaal, want ben je te laat, dan is de stamper al bevrucht met eigen stuifmeel. Met een pincet pluk je de stuifmeeldraden weg, die aan de basis in een kokertje vergroeid zijn. Het zijn er tien. Tel ze, benadrukt hij, anders is het experiment mislukt, waarschijnlijk zonder dat je het doorhebt. De rest spreekt voor zich: rijp stuifmeel verzamelen van de plant waarmee je de ontmande plant wil kruisen, of gewoon een rijpe bloem in zijn geheel van de plant plukken, die als een hoedje op de stamper van de ontmande bloem dippen.

Ik bedank hem, heb haastig wat steekwoorden genoteerd, vraag hoe het met zijn mini-peulen gaat. Jonge peulen zijn minder vezelig en dus lekkerder en jonge peulen zijn klein. Dat weten consumenten ook, die kopen daarom het liefst kleine peulen, in de veronderstelling dat ze jong zijn. Het creëren van dwergrassen peulen is daarom interessante volksverlakkerij. De planten leveren per saldo minder kilo's maar brengen desondanks meer geld op omdat er simpelweg een hogere kwaliteit wordt verondersteld. Zoiets als aardbeien die rood kleuren ongeacht hun rijping, schoudervulling in de colberts van tengere mannen, of onthaarde vrouwenlijven.

'Niet zo goed,' antwoordt hij. 'We krijgen de rattenkeutelziekte maar niet onder controle in de kas. Veel is verwelkt. Maar het uitgangsmateriaal is veiliggesteld. Morgen is er weer een dag.' Hij klinkt onvermoeibaar als altijd.

We hangen op, ik staar naar buiten. Niemand zegt over reuzeprei of kleine peulen: dat is onnatuurlijk. We verheugen ons over het verschil in expressie. We stellen er geen vragen over. We hoeven reuzeprei niet te accepteren. Er landt een groep koolmezen in de liggende kroon van de berk. Ze overleggen schetterend, komen tot een besluit en vertrekken.

Zonder kettingzaag kan ik vandaag niets meer doen. Ik rommel in mijn tas op zoek naar douchegel maar vind niets, dus loop ik naar de kelder. Kon ik maar net zo afdalen in mezelf. Dan nam ik een monster en ontmantelde alles, laag voor laag. Een glimp opvangen van het ongevormde. Maar de tijd is als een rotorkopeg die alles mixt tot een glad geheel. We zijn leverworst, allemaal. Halverwege de keldertrap schuiven er ijle kinderangsten over me heen. Het is er kelderklam. De spinnen hebben huidhonger, ze azen op mijn blote voeten. Net als het donker, dat tussen de traptreden loert. Op mijn tenen loop ik naar beneden. Voorzichtig, al heb ik geen idee wie ik niet wil storen. Beneden op de schappen staan muffe doosjes thee en koffie, een pak spaghetti, ernaast een pot saus en bruine bonen. Vreemd, die voorraad. Het moet lang geleden zijn, de laatste keer dat een van ons hier was. Aan het uiteinde liggen een zak waxinelichtjes, shampoo en een stuk zeep. In de muur ernaast zit een groot, cirkelvormig gat. Oneindig zwart. Het gat leidt naar de kruipruimte, weet ik. Ik gris de spullen bij elkaar en draai me snel om. Ik voel me bekeken door het gat, sluip terug naar de trap. Er walmt donker uit de muren. Links staat een krat. Ik til het deksel op, het is de meccano van mijn broer.

Zittend op de grond in de woonkamer rommel ik door het krat, ik laat de koele rode en groene metalen plaatjes met de voorgestanste gaatjes door mijn vingers gaan. Onderin liggen miniatuurbouten en -moeren. Miljoenen stofdeeltjes glinsteren in de ban van het zonlicht. Ik schuif mijn koude voeten in de zonnevlek op de vloer. Mijn broer speelde niet graag met de meccano. Het voelt als heiligschennis, ik durfde er nooit mee te spelen. Hij kreeg het krat van oom Filip, die zelf geen zoon had. Mijn broer was de enige jongen. Aan zoiets torn je niet.

Kletterend keer ik het krat om, er wolken nog meer stofdeeltjes op. Boven op de bult metaal ligt een zwart doosje, een cassettebandje. 'Elke en Filip, 1992', staat op het etiket, in het zekere handschrift van mijn vader. Het bandje is tot halverwege afgedraaid. Ik loop ermee naar de keuken en kijk naar de lege plek in de keukenkast waar ooit een radiocassettedeck stond. Wie er het laatst naar het bandje luisterde en waarom diegene halverwege stopte, of dit bandje verstopt was of gewoon slordig opgeruimd, waar het cassettedeck is gebleven en of dat verband houdt met dit bandje, het is allemaal onbekend.

15

Weet je nog wat we zeiden? Dit gaat ook over jou.

Voor de zekerheid hebben we een kort onderzoek onder onszelf gehouden – we hadden een vermoeden – en kregen gelijk: zonder uitzondering had iedereen van ons altijd het gevoel anders te zijn. Iedereen vond zichzelf er niet helemaal bij horen, dacht nooit helemaal te snappen wat anderen kennelijk vanaf dag één simpelweg waren. Niemand had ons bijgepraat. Herkenbaar? Het paradoxale, dat juist de universaliteit van deze kapitale denkfout jullie tot gelijken maakt, zal je ook niet ontgaan. Inderdaad, we vertellen je vast niets nieuws. Niet dat we hier verder iets mee willen zeggen. Doe ermee wat je wilt. We zijn het gewend, we worden vaker gepasseerd. Jullie praten veel over ons, maar luisteren slecht. Weet je nog? Alleen een lichaam heeft hier iets te zeggen, zelfs een lichaam van steen. Maar een lichaam zonder bewustzijn telt niet mee.

Hij gloeit, hij fikt als een offerlam, zeiden de vrouwen en ze vielen elkaar fluisterend in de rede, verdrongen zich en legden handen op Ra's voorhoofd, depten het schuim van de mond en hielden alvast lepels pap in de lucht. Ra's ogen bleven gesloten.

Hoe krijgen we hem terug? We zullen zingen – en sommigen zetten alvast in. Anderen zwegen en keken verontrust naar de middenmens die moeizaam ademde, die vocht met iets wat zij niet zagen. De romp schokte en rilde onafhankelijk van de ledematen, die stijf en bewegingsloos dood leken.

Als Ra vertrok naar de doden, hadden ze niets, geen offer en geen antwoord. Iets wat al dood was, kon je niet offeren, dat was godslastering. Een offer bestond uit het slachten van iets waardevols, zoals een lam, dat je zou missen, waarna je het schonk. Uit dat chronologische complex van waarde, missen en schenken kon niets ontbreken. Het drong tot hen door: ze hadden hoog spel gespeeld. Te hoog, misschien.

Ra heeft zoveel voorouders, die wijzen hem de weg naar ons terug, zei de Waker, die de vorige dag al teruggekomen was. Hij deed zijn best om gewichtig te klinken.

Dat we met veel waren, klopte. De rest was pure speculatie.

Ineens reikte Ra's hand traag omhoog. Hij ving hem zonder te kijken als een vermoeide vlieg uit de lucht, legde hem op de borst. Kom toch terug, dacht hij voor de zoveelste keer.

Wat als hij werd bemand door te veel voorouders, dachten de vrouwen eensgezind. Die houden hem daar vast, dat kon ook. Er waren gevallen bekend. Ze schrokken van dit plotselinge weten, hoe makkelijk ze de Waker pareerden.

En niemand die ons iets vraagt, dachten wij. Soms is het op zijn zachtst gezegd uitdagend. Hoe te houden van je eigen bloed, kinderen die generatie na generatie exact dezelfde fouten maken, blijmoedig en vol bravoure in identieke kuilen stappen, die niet luisteren naar raad, niet verondersteld worden te luisteren bovendien, omdat het brein, dat hopeloze orgaan, beter onthoudt wanneer het zelf fouten maakt – en zelfs dan is er geen garantie. Wat een blaaskakerij, horen we je denken, wat al die kennis ons precies brengt – en dit blijft onder ons –, maar grip is inderdaad niet voor ons weggelegd. We betaalden een prijs voor dit overtreffend weten, we betaalden met ons lijf. Voor altijd handelingsonbekwaam, ons vederlichte verzamellichaam staat eeuwigdurend buitenspel. Dus neem het ons niet kwalijk als we, heel soms, onze taks aan gekwaak op een dag hebben bereikt. Niets menselijks is ons vreemd.

Kort en goed: ze hadden Ra te veel poeder gegeven, haar wil hier te zijn totaal verpulverd.

Ondertussen was de Waker met de steen onder zijn arm weggeslopen. Hij droeg haar naar het water. Niet omdat hem dat nu zo'n goed idee leek, maar een beter had hij niet. Handelen was goed. Een laffe vlucht vonden wij. Niemand had hem nog naar de reis gevraagd, tot zijn grote opluchting. Hij had er niets van onthouden, geen spoor. De schande gloeide achter zijn ogen, een kwestie van tijd voordat ze het zagen. Nadenken lukte niet, met zo'n wollig hoofd. Hij schudde het heen en weer. Misschien werd hij te oud.

We konden ons er wel iets bij voorstellen, dat de Moedersteen ziedend was. Het water dat de Waker over haar goot, bracht natuurlijk geen soelaas. Ze worstelde net als wij, niet eerder had haar statische staat haar zo verstikt. Hoogstens werd ze een beetje warm. Te lauw om het water te verdampen, laat staan het vlees van zijn handen te schroeien. Het was niet haar schuld dat de man zich niets herinnerde. Ze had wel andere dingen aan haar hoofd.

Eindelijk leek de Waker klaar te zijn met het gepoedel. Hij liep terug en hield even halt bij de herder en zijn jongens. Ze onderzochten de jonge rammen. Dagen daarvoor waren de ballen strak afgebonden met dunne repen leer. Binnenkort zouden ze, als afgestorven harige blaadjes, van het lichaam vallen. Hij luisterde naar het onrustige geblaat en voelde ter hoogte van zijn lies een pees straktrekken, een snerpende pijn die zijn bovenlichaam iets naar voren deed hellen. Hij had er gelukkig geen herinnering aan, hoe ze hem er lang geleden van hadden ontdaan.

De herder knikte in zijn richting en betuigde zijn respect met twee vingers op zijn voorhoofd. Hij kreeg er genoeg voor terug. Zijn leven, om te beginnen. Niet iedere jongen overleefde de ontmanning. Voor hem werd gezorgd, er was altijd eten, en het voornaamste: hij ontwikkelde een bovengemiddeld scherp gehoor voor de binnenwereld. Met name daarvoor was hij dankbaar. Hij klemde de steen tegen zijn buik, zag hoe de herder, wiens overvloedige haar ook uit zijn schouders krulde, alweer over zijn schapen bukte. Tot gisteren hoorde hij zonder ruis, ze wisten hem altijd te vinden. Maar nu was het stil, hij leek wel vergeten. De snerpende pijn hield aan, hij legde een hand op zijn lies. Voor het eerst voelde hij zich kreupel.

Dit was hem dan hoor, onze woordvoerder. We willen niet teleurgesteld klinken, maar wat viel er eigenlijk nog te zeggen? De meesten van ons wilden zover niet gaan, maar sommigen verdachten hem zelfs van opzet, van een selectief gehoor. De mensen waren stuk voor stuk opportunisten, werd er links en rechts gesuggereerd en dat je dat van je eigen bloed best mocht zeggen. Bovendien, wie konden het beter weten dan wij, we waren allemaal zelf ooit zo'n mens geweest. We zwegen, vonden cynisme te makkelijk en hoorden de Moedersteen die eindelijk was uitgeraasd, denken: Het lichaam is ontrouw, het lichaam, dat is de ellende, dat zet zich vast. Kijk naar mij. Maar laat ik me daardoor weerhouden?

Puur uit gewoonte, want werkelijk verstaan deed hij nog altijd niets, knikte de Waker slapjes voor zich uit.

Er brandden nieuwe lichtstenen, schaduwen flakkerden. Iedereen hurkte rond Ra, die daardoor aan het zicht was onttrokken. Aan de muur zag de Waker een lege plek waar de stierenschedel hoorde te hangen. Hij duwde een paar vrouwen opzij. Bes en Fern hurkten ieder aan een kant. Iemand had de schedel op Ra's buik gelegd, haar handen erbovenop.

Hij had niet weg moeten gaan. Het graniet van de Moedersteen prikte tegen zijn zere lies. Ra lag inmiddels perfect stil als een dode. Het gezicht drijfnat, hij twijfelde of het zweet was of water. Hij was te laat. De middenmens werd voorgoed daar gehouden. Als hij zich toch maar iets herinnerde.

Op dat moment boog Bes zich over haar heen en zei: Ra, kom toch terug. Ik moet je iets vertellen, ik draag een kind.

Laat ons hier iets toelichten. Wij weten namelijk, in tegenstelling tot de Waker, vrij nauwkeurig waar het misging. Ra vergat vrij direct wat ze kwam doen, vergat de vraag – en voor de oplettenden, inderdaad –, vergat in feite dat haar nooit expliciet iets was gevraagd. Uit pure angst piepte ze er zelfs halverwege even tussenuit, zag tussen haar half geloken oogleden de Waker, een hoofd van water met een neus die droop, zijn mond dreef van zijn gezicht en zijn ogen dobberden als blaadjes kikkerbeet. Daarachter vage waterschimmen die jammerden en klaagden, die wilden dat ze terugkwam. Dat deed ze niet, gelukkig. Want een reis zonder einde moest wel uitlopen op een vlucht of een offer en een jong mens alleen op de steppe is reddeloos. Dat zouden we met z'n allen een tweede keer niet redden. Ze had nood aan een goed verhaal en dat kostte tijd. Bovendien, dat de reis zo lang zou duren maakte iedere uitkomst alleen maar geloofwaardiger. De mensen zwichtten sneller voor hoge gehaltes drama met moraal. Dus liet ze zich inademen, een tweede keer, en staakte haar verzet. Ze was terug in het lauwe estuarium, zag een streep en het was niet veel maar we zouden het ermee doen. Ze kon ontwaken. Wat wij niet hadden voorzien, was dat wat volgde.

Ze dachten dat Bes haar wekte. We lieten het maar zo. Zeiden later dat Bes' ongeboren kind van haar was. Dat te veel vaderen haar bemanden, dat dit was hoe ze het kind verwekte. Dit moest wel het bewijs zijn dat ze zochten.

Ontegenzeggelijk een goed verhaal, we hadden het zelf niet beter kunnen verzinnen. De Waker die net daarvoor was binnengekomen, had nog steeds niets over de reis verteld. Uit eerbied voor Ra sprak hij deemoedig. Vertel jij maar, Ra, fluisterde hij. Vertel jij wat je zag op reis.

Ra was nauwelijks bij zinnen. Hier hadden we op gewacht, zo'n momentum moet je pakken. Wij vatten samen en kauwden haar voor: je zag een streep, een eiland. Snapten ze het dan niet? Je keek ze aan, een voor een. Dat was voor het eerst. Je legde uit: we zitten hier aan de rand, we moeten naar het midden. Het midden van de zee, daar is het eiland. We zullen er zaaien, haar barende aarde zal ons belonen. We

zullen veel achterlaten: bezittingen, huizen en vee.
Om eilanders te worden, mensen van het midden.
Het offer is ons geloof.

16

Onder de douche spoel ik stof en zweet van me af. De deuk in de douchebak is vertrouwd. Mijn voeten staan ieder aan een kant, zeep glijdt via mijn buik naar beneden, verdwijnt in het putje.

Ik heb daar niets, zei ik ooit tegen een vriendje op de kleuterschool. Even daarvoor had hij onder tafel trots zijn piemeltje laten zien, net toen de juf niet keek. Dat maakte niet uit, zei hij bemoedigend, hij wilde het toch zien. Ik zwichtte, verbaasd dat hij zich met zo weinig tevredenstelde.

Niemand vindt het emasculeren van bloemen vreemd, het behoorde tot voor kort tot mijn eigen dagelijkse routine. Tien stuifmeeldraden, zei Vincent. Dat het er altijd en overal tien zijn, de aantrekkelijkheid van orde snap ik wel. Alsof er tóch een plan is, je hoeft er alleen maar achter te komen. Het verlangen ernaar is zo groot dat de geslachtelijkheid van mensen als een onaantastbare, feitelijk sacrale, natuurlijkheid wordt beschouwd. Zij die daaraan twijfelen belanden in de DSM, krijgen hulp. Hulp die trouwens tot voor kort bestond uit onvrijwillige sterilisatie. Ironie is aan hulpverleners en bestuurders niet besteed.

Is dit nodig, zegt de vrouw die ik nooit werd, moet het zo extreem?

Ze heeft me, met haar 'extreem'. We categoriseren ogen als blauw of bruin, een grove indeling, want we weten dat de kleur van ieder paar ogen uniek is. 'Blauw' is een benadering, zoals 'vrouw' dat zou moeten zijn. Dit rigide categoriseren dat geen vragen of nuance toelaat, dat is pas extreem. Je zou van minder gek worden. Het is een denkraam dat enkel overleeft in verhalen, verhalen die ooit of op andere plaatsen in de wereld aantoonbaar anders waren. Volgens een oeroude legende bijvoorbeeld, werd Attis, de beeldschone god van vruchtbaarheid, de geliefde van Cybele. Zij was de Moedergodin en hoedster van de vruchtbaarheid. De arme Attis was opgevoed door wilde schapen, niet de meest monogamen onder de dieren. Misschien wist hij niet beter, liet hij daarom zijn oog ook op een ander vallen. Cybele trok zich woedend terug. Uit pure wroeging ontmande Attis zichzelf en bloedde dood. Er ontstond een cultus rond hen beiden waarbij mannelijke volgelingen zichzelf castreerden en kleedden als vrouwen. Niet voor niets werden deze heftige gebruiken juist in het voorjaar gevierd. Want Attis stierf niet zomaar, hij stierf jaarlijks, om vervolgens na drie dagen uit de dood te herrijzen. Zoals de eenjarige gewassen die de mensen aten.

Ze zwijgt, tevreden droog ik me af en pak uit de weekendtas schone kleren. Er valt een paar sokken op de grond. Ik buk, knijp er zacht in, leg ze op een kruk. Ik trek de broek aan en knoop hem dicht. Als ik wil, kan ik me vermommen in vrouwenkleren en vrouwengebaren, vrouwenmake-up en vrouwenmuziek, vrouwenhobby's, vrouwentijdschriften en een bijpassende man. Ik zou er iedereen een dienst mee bewijzen. Iemand suggereerde eens dat ik aan 'femmefobie' leed. Ongevraagd stuurde ze me Amerikaanse artikelen. Zo rolde je van de ene verenging in de andere. Alsof ik verklaard moest worden voordat ik bestond.

De sokkenworst voelt ruw van het vele wassen. Het bundeltje ligt stabiel in mijn hand. Ik knijp nog eens zacht, dan knoop ik mijn broek open en stop het paar erin. Nu ik hier toch ben. Ik veeg condens van de spiegel en zie enkel mijn hoofd en bovenlijf. Ik zet een paar stappen achteruit, buk en spring, ga uiteindelijk op de kruk staan zodat mijn kruis zichtbaar wordt. Ik streel de bolling. Dat Floresmensje van Werner zal zijn eigen beeltenis nauwelijks hebben gekend. Het lijkt me aantrekkelijk, te leven in een spiegelloos tijdperk. Een tijd vóór we de binnenkant van onze huizen behingen met spiegels, waar we maar steeds verslaafde, gepijnigde en verdronken blikken in werpen, bezeten van onszelf. Hoe de ander ons ziet, hoe we onszelf zien. Hoe we ons daarnaar gedragen. Sociale media om dat beeld tot in de puntjes te sturen en verfijnen. Ik zou willen dat ik de ander niet steeds als alternatieve spiegel gebruik, dat ik de ander niet nodig heb om me te vertellen wie ik ben. Ik zou willen dat ik niet bang hoef te zijn dat ik te duiden ben, samenval met mijn tweedimensionale spiegelbeeld. Bang dat ik de enige ben die dat niet ziet. Dat ik de laatste ben die ziet wie ik ben. Een spiegelloos tijdperk waarin we onszelf alleen vanbinnen kenden. Ik denk dat we toen beter naar elkaar luisterden.

Op de fiets voel ik bij iedere beweging een geruststellende druk tegen mijn schaambeen. Ik leg mijn hand erop, een beweging die ik zo vaak heb waargenomen dat ze eigen voelt. Bij het café stap ik af en zet de tandem tegen de muur. In de voegen groeien fluwelen richels mos. Mos dat de aarde al zoveel miljoenen jaren bedekt, zonder vaatbundelstelsel, zonder noemenswaardige wortels of bloeiwijze. Een levend fossiel eigenlijk. Ogenschijnlijk simpel, maar teken maar eens een mos, dat is zoiets als het tekenen van een steen. Je moet zoeken naar dat wat hem karakteriseert en daar is niet veel van. Mos vond al heel lang geleden zijn finale vorm.

Gebogen over het fietsslot meen ik dat de mensen op het terras naar me kijken, maar ik heb geen idee of ze een bobbel zien. Het is maar een lichaamsdeel. Het is maar een afspraak.

Binnen is het rustig en schemerig. De mensen zijn

blij dat ze eindelijk buiten kunnen zitten. Meer ruimte hier voor mij. Ik sla de menukaart open, bedenk me en vis mijn telefoon tevoorschijn en typ:

Die collega van je, wat is het precies dat je door haar herontdekt?

Werner is online, hij typt.

Niets concreets

Hij typt weer, ik wacht.

Ze is een bever. Zonder bever stroomt water rechttoe rechtaan. Maar door zijn geknaag zorgt hij voor omgevallen bomen waardoor het water stagneert, er ontstaan poelen en de loop meandert sterker. Een gevarieerd landschap trekt een grotere diversiteit aan planten en dieren

Een bever???

Wat ik bedoel is dat ze een interessanter mens van me kan maken. Maar heb je nog over Flores nagedacht? Kan ik je vrijdag spreken?

Nee, ben een tijdje op het eiland, in het vakantiehuisje van m'n familie om

Er valt een schaduw op mijn scherm. De ijsvogelvrouw staat voor me.

'De Rus,' grijnst ze en ze steekt haar hand uit, stelt zich voor als Wanda en vraagt of ze stoort.

Natuurlijk wel, maar ik schud van niet, schuif de menukaart weg en maak een armgebaar. Ze is al gaan zitten. Onder het tafeltje streel ik mijn kruis, laat de hand dan op mijn bovenbeen rusten. Ik verzit en voel de druk in mijn broek. Ze pakt haar shag en bestelt een chardonnay. Twee, zeg ik tegen de ober en ik bestel mosterdsoep.

'Wat een toeval,' doorbreek ik de stilte. Ze haalt haar schouders op, zegt dat het eiland daar niet groot genoeg voor is. Of ze hier woont, vraag ik dan maar. Ja, zegt ze, alhoewel tijdelijk. Ze vervangt de dominee die op het vasteland herstelt van een operatie. Geen eilander, denk ik, maar een dominee. Hoeder van een kudde en een dogma. Ze wordt met uitsterven bedreigd, zeg ik, kijkend naar het hardroze puntje van haar tong dat, kennelijk al vertrouwd, haar sjekkie routineus dichtplakt. Als dominee, vul ik aan, omdat ze fronst. Ze zegt dat ze die discussie moe is. Mensen geloven liever in tiny houses of Boeddha, vereren hun kinderen of de natuur, voelen zich zondig wanneer ze drinken of vliegen. Kwestie van tijdsgeest. Jezus is geduldig, net als zij. Maar, daarover gesproken, wat is mijn missie?

Haar toon is weinig toeschietelijk, daarom vertel ik haar de ongevaarlijke versie, die over de omgevallen boom. De ober verschijnt aan onze tafel en zet de wijn en mijn soep neer.

'Je bent hier voor een boom.' Ze veegt met een duim condens van het wijnglas, neemt een ferme slok.

'Een ómgevallen boom', en ik neem ook een slok. De wijn is koud en ijl als de zeelucht.

Ze legt de gerolde sigaret voor zich neer als een pen. Ik zet mijn benen iets uit elkaar, de druk in mijn kruis neemt af. Niet alleen dominees maar ook berken worden met uitsterven bedreigd. Het zijn koudeminners, door de opwarming van de aarde zullen ze naar het noorden vluchten, waar ze als opgejaagd wild zullen samenklitten tot ook daar de oeroude, als struikgewas vermomde bomen door de warmte worden ingehaald. De taiga zal ontdooien en dan, met hun voeten in eeuwenoude pap, kunnen ze geen kant meer op.

Haar wachten is ondermijnend. Dus vertel ik over het cassettebandje dat ik vanmiddag vond. Kennelijk een opname van een optreden van mijzelf als kind met mijn oom, ik heb er geen herinnering aan. Maar nu wil ik niets liever dan het beluisteren. Ik blaas en eet van mijn soep.

Ze kijkt me geamuseerd aan. 'Wat denk je te zullen horen?'

Ik haal mijn schouders op. 'Iets wat ik ben verloren of vergeten.'

Iets van voor mijn domesticatie, denk ik erachteraan. Een ongeschonden klank. Ineens vraag ik me af of ze hier is om mijn ziel te winnen. Mensen met een overtuiging zijn het gevaarlijkst. Ik neem een slok, zet het glas neer en zie dan pas dat haar gezichtsuitdrukking is veranderd.

'Neem me niet kwalijk', ze veegt met precisie iets uit een ooghoek, staat op en loopt naar de toiletten. Verbaasd ga ik na wat ik gezegd heb, of iets daarvan haar gekwetst kan hebben.

Kijk nou, zucht de vrouw die ik nooit werd, hoe ze loopt! Was je maar iets meer zoals zij. Luister. Je gaat nou niet over die erwt beginnen. Daar zit niemand op te wachten. Dat weet je. En kam je haar.

Ik pak mijn telefoon. Werner heeft een reeks vraagtekens gestuurd, mijn laatste bericht wacht nog op verzending. Ik druk en stuur er een tweede bericht achteraan, dat het om een verwilderingsproject gaat, dat ik het zal uitleggen, later. Ik houd van het gemak waarmee Werner zich laat vleien met aandacht of gelach, van zijn onversneden aanhankelijkheid, zijn donquichotterie en van de kruin op zijn voorhoofd, een draaikolk van korte stekeltjes, dat ik daarnaar kan kijken en ze nooit zal aanraken. Dan typ ik hoe het met hem gaat. Mensen in crises doen rare dingen.

Wanda komt aanlopen, ik haal een hand door mijn haar.

'Sorry,' zegt ze. 'Mijn partner en ik, we zijn uit elkaar, nog niet zo lang.'

Ze heeft mijn ongebruikte servet gepakt en frommelt het tot een prop, bestelt nog twee glazen wijn als de ober voorbijloopt.

De stilte echoot haar woorden, niemand houdt van zijn eigen echo en al helemaal niet van deze, kan ik me voorstellen. Daarom, om iets te zeggen te hebben, stel ik vast dat ze in dat geval nergens beter kan zijn dan op een eiland. Waarom, vraagt ze en ze ademt hoorbaar uit. Omdat op eilanden rare dingen gebeuren, antwoord ik, de natuurwetten pakken er anders uit en ik vraag of ze weleens van de wet van Foster heeft gehoord? Ze schudt haar hoofd, lijkt opgelucht dat ik het gesprek over een vreemde boeg gooi. Ze drinkt een slok en zakt een beetje onderuit. Ik slik de laatste hap soep door en vertel dat hij de eerste was die een wet formuleerde die de veranderende grootte van eilanddieren beschreef, verdwerging en gigantisme. Over het belang van isolatie, de weerloosheid van de zeeleguaan en over mijn vriend Werner die naar Flores wil om daar in de voetstappen van het uitgestorven Floresdwergje te treden. Zonder pauze ratel ik door over de uitzonderlijkheid die op eilanden regel is, net als extinctie, en over de tragiek dat als je er eenmaal bent, je nageslacht na verloop van tijd het vermogen verliest er te vertrekken.

Wanda kijkt me onderzoekend aan. Dat ze mijn ziel wil winnen lijkt van de baan, maar ze kan nog steeds actief evangelisch zijn. Ze buigt mijn kant op en kan zo in principe een blik op mijn kruis werpen. Ik schuif dichter tegen de tafel.

'Die uitzonderlijkheid,' ze gebaart om zich heen, 'geldt dat ook voor een Waddeneiland?' Ik kijk naar de entourage, waxinelichtjes die branden op een batterij, aquarellen van zeegezichten, gemaakt door een plaatselijke kunstenaar en de grote lectuurtafel in het midden. Zo banaal bedoel ik het natuurlijk niet. Ze draait haar lichaam een kwartslag om een voorbijganger te groeten. Dan kijkt ze op haar horloge. Haar wijn is op.

'Het gaat me om de denkfout,' zeg ik traag en ik heb meteen spijt.

Ze bestelt nog twee glazen wijn. 'Vertel.' Ze klinkt dwingend haast, in haar rok met daaronder een panty en bijpassende schoenen. Sommige mensen kennen de regels, passen ze toe en winnen met overmacht.

'Hoe een eiland een olifant verdwergt, zo veredelden mensen ooit graan uit een grasachtige. Maar we lijken blind voor onze eigen vormingskracht, een blindheid die volgens mij zo'n negenduizend jaar geleden begon,' en ik vertel over mijn recente obsessie met de eerste boeren die in de vruchtbare halvemaan gewassen en beesten domesticeerden en de eerste landbouwers werden. Ze zagen niet hoe onder hun handen zowel deze wezens als zijzelf veranderden. Dat kon ook niet want een mensenleven duurt te kort om dit complexe, trage proces te doorzien. Onbewust verzamelden ze bijvoorbeeld granen die hun zaden na rijping vasthielden. Gevallen zaden waren namelijk simpelweg niet meer te oogsten. Na honderden jaren intuïtief selecteren, had hun graan inmiddels een stevige aarspil die rijpe korrels vasthield, grotere zaden en lossere kafjes die het verwerken vergemakkelijkten. Dit betrouwbare en overvloedige voedsel werd de norm, pilaar onder het bestaan. Omdat de plant inmiddels al lang niet meer op zijn wilde, grasachtige voorouder leek, rees de vraag: wie had hun dit wonderbaarlijke gewas, dit goede voedsel, in de schoot geworpen? Het kon niet anders, het moest God wel zijn. Hij had hun graan gegeven, het dagelijks brood, hij had hen uitverkoren. Ze waren het simpelweg vergeten, hoe zijzelf noest jaar in jaar uit selecteerden op de beste korrels.

'Dit is de denkfout,' zeg ik, licht in mijn hoofd inmiddels, 'herders, jagers en verzamelaars trekken rond. Landbouwers stichten steden en accumuleren:

voedsel, kennis en macht. Ze geven vorm aan gewassen, steden en elkaar. Ze creëren hun wereld maar hun ogen veranderen nooit mee, het zijn nog exact dezelfde als die van hun nomadische voorouders: ze zien een werkelijkheid maar niet zichzelf.'

Ze kijkt me aan met een gefronste blik.

'Hun invloed, die zien ze niet. Daarom ga ik de erwt ontedelen: minder fragiel, minder zoet, maar robuuster en zelfredzaam. Ik ga hem verwilderen. Duizenden jaren veredeling ongedaan maken. Een erwt die zichzelf redt,' eindig ik enigszins buiten adem.

En de erwt is nog maar het begin, besluit ik ter plekke, in gedachten maak ik een lijst van groentes die ik daarna ga verwilderen. De schermbloemigen bijvoorbeeld, zoals pastinaak en peen, ik vermoed dat die niet veel stappen nodig zullen hebben.

'Ik weet niet of ik je volg.'

Het is de eerste keer dat ik mijn plan hardop uitspreek en het klinkt inderdaad futiel. Er mist een stap, iets. Ik duw onder tafel de sok weg. Het is drukker geworden in het restaurant, de lentezon is al verdwenen en de mensen druppelen naar binnen. Ze kijkt me aan. Ik schaam me, om mijn woorden, omdat ik zo lang heb gepraat, omdat het zo'n vaag plan is. En dat zij vast al lang heeft begrepen dat er een ander plan onder schuilt.

Toch vroeg niemand de olifanten waarom ze gingen. Die stapten gewoon het water in en zagen wel. Niemand vroeg hun of ze wel wisten waarheen. Of ze dit wel zouden doen. De verhalen die overleven zijn van hen die een eiland bereikten. Omdat ze daar leefden, zich aanpasten, al dan niet verdwergden en duizenden jaren later opgegraven werden. Niemand weet iets over de olifanten die eveneens gingen en nooit een eiland bereikten. De zeestraat te breed, de oceaan te groot, misschien waren er haaien. Soms loopt het niet goed af. Deze onbekende helden gingen kopje-onder, het puntje van hun slurf liet niet meer dan een flauwe rimpeling achter, stilletjes zakten ze naar beneden, vormden een koningsmaal voor een stel forse vissen en scholen kleinere, zakten nog dieper waar het steeds donkerder en troebeler werd, hun vlees en vocht al opgelost restten alleen nog hun botten, die uiteindelijk ook verweekten, meter na meter, zeesneeuw werden, totdat bij aankomst op de zeebodem nagenoeg niets neersloeg. Alles was verteerd door de reuzemaag die de zee is. Ze werden vergeten.

Dit is het moment om te stoppen, zegt de vrouw die ik nooit werd. Je draaft door, nu weer die olifanten. Vraag ook eens iets aan haar. Toon interesse. En doe iets aan die idiote sok. Maak het niet erger.

Ik neem een slok om haar te smoren. Er is me veel aan gelegen dat de vrouw hiertegenover me mij niet verward vindt. Misschien moet ik gewoon beginnen bij het begin en ik vertel over mijn pompoen Aparche, de herkomst van zijn naam en Plenty, het vlottere broertje. Dat het kwekersrecht het onmogelijk maakt Aparche op de markt te brengen, omdat zijn eigenschappen te veel overeenkomen met die van Plenty. In één klap zijn bestaansrecht ontnomen, om een mens gemaakte constructie. Ik neem een laatste slok.

'Aparche en Plenty?' Grappig, vindt ze en dat Kaïn en Abel ook toepasselijk was geweest. De broers brachten allebei een offer, maar om onduidelijke redenen gaf God de voorkeur aan dat van de herder, Abel. De landbouwer Kaïn werd daarop boos en doodde zijn broer, de eerste moord. Kaïn moest boeten en voortaan waren de mensen gewaarschuwd. Een oudtestamentische manier van God misschien, om de mens te behoeden voor de zonden die Kaïn beging, zonden die geboren werden uit vermeende beschaving.

Broers, ontstaan uit hetzelfde stof, dezelfde ouders en God, maar getroffen door het tegenovergestelde lot, die van moordenaar en vermoorde. Kaïn, die uitgroeide tot iemand, maar vermoedelijk de rest van zijn leven rondliep met de man die hij nooit werd aan zijn zijde – huilen is voor watjes, Kaïn. Had je je maar moeten beheersen – en als God iemand nodig had om een voorbeeld te stellen, had hij dan wel een keuze?

'Wie was Kaïn geweest zonder God?'

Ze lacht, zegt dat ze me begint te begrijpen en ze vertelt over haar vrouw – ex-vrouw, een zucht –, docent aardrijkskunde, die het hier niet uithield. Omdat de aarde zich hier niet aan zichzelf vasthoudt, omdat er baggerschepen voor nodig zijn om het zand dat de zee met grote happen tegelijk wegvreet, elders op te zuigen en aan te vullen. Een zandkasteel, gedoemd te verglijden in vormeloosheid, in zeebodem. Dit eiland moest wandelen, vond zij, dit eiland wilde helemaal niet bij elkaar gehouden worden. Ze voelde zich meer thuis op de Friese zeeklei, die een stevige opeenstapeling vormt van lagen geschiedenis, sediment op sediment, waarin je terug kunt keren naar het pleistocene dekzand, daar ooit heen geblazen tijdens de laatste ijstijd. 'Zij zou je vast snappen.'

Ik draai de voet van het lege glas, ze heeft me niet betrapt. Al moet je op je hoede zijn bij mensen die je met hun ex-vrouw vergelijken. Ik leun in de stilte die valt, het is comfortabel, de wijn en deze vrouw. Behalve dat ik moet plassen, maar als ik opsta ziet ze de bobbel. Ik sla mijn benen over elkaar en kantel mijn bekken, voel de druk van de sok. Mijn talisman. 'En jij?' vraag ik, 'snap jij me?'

'Ik denk dat je met je vriend naar Flores moet.'

Ze zegt 'vriend' op die bepaalde manier. Ik snuif, zij ook al. 'Hij kan beter met zijn vrouw gaan. Er is meer voor nodig dan een stel botten, naturalistische feiten. Het moet de mensen raken. Verhalen over dieren en dwergjes schuif je makkelijk aan de kant. Sprookjes. Interessant, maar nooit ongemakkelijk.'

'En het moet ongemakkelijk zijn?'

Glad ijs. Het signaal van mijn blaas dooft niet uit. Ik ga verzitten.

'We hebben Google, we weten alles. De mensen zijn tevreden. Noodzaak ontbreekt.' Ik vertel over de aardappel, die sommigen in de westerse wereld tot ver in de negentiende eeuw niet aten. De aardappel werd namelijk niet genoemd in de Bijbel. Duivelsvoer.

Liever stierf men de hongerdood. Maar hoe konden de samenstellers van de Bijbel van het bestaan van aardappels weten als die pas eeuwen later door Europeanen werd ‘ontdekt’ in Amerika? Het is het ongemak dat hier bewijst dat het om niet meer dan een paradigma gaat. ‘En honger natuurlijk,’ besluit ik, ‘honger doet veel met een mens.’

Ze schuift het verfrommelde servet van zich af, leunt naar achteren. Het bestaan van God is per definitie vormeloos, zegt ze, of vorm-arm, dat klinkt aardiger. Het is een doorlopende oefening in ontvankelijkheid voor het onbewijsbare, voor het mysterie. Dat schept wat haar betreft ruimte. De mens, die maakt er de dogma's omheen, als houvast, dat is ze met me eens. ‘Maar ben jij anders? Ben jij niet ook op zoek naar houvast, wetmatigheden?’ Ze tikt met een vinger op het tafelblad, pakt de gerolde sigaret en gebaart naar buiten. Als ze weg is verdwijn ik onhandig naar de wc.

Aan de hemel staat een haarscherpe nagelmaan. Spiegel van de zon, zeg ik terwijl ik naast haar kom staan, en dat hij eind van de maand vol zal zijn. Ze knijpt haar ogen tot spleetjes, neemt een hijs en zegt met rook op haar stembanden dat ik haar wel zou mogen, haar ex-vrouw. Ze tikt as op de grond. Dat zij niets van natuurlyriek snapt. Ik weet niet wanneer het begon, dat moment dat je weet dat je dit al eens meemaakte. We staren naar de hemel, zij blaast in een strakke lijn rook uit.

'Maar de schepping dan? Die hangt aan elkaar van lyriek.'

Ze grijnst, zegt dat het woord schepping eigenlijk nooit meer valt. Dat ze dat eigenlijk wel jammer vindt. Ze drukt de peuk uit en loopt naar de wc. Halverwege draait ze haar hoofd en zegt dat ze een dominee van niets is.

Ze wil me de baggerschepen laten zien. We fietsen erheen op mijn tandem en het voelt vreemd intiem om haar achter mij te hebben en hoe we, als in een dans, in hetzelfde ritme bewegen. We stoppen bij haar huis, ze verdwijnt naar binnen en komt even later naar buiten met de helblauwe jas en een tasje en dan fietsen we verder naar de westkant van het eiland. Het is donker, maar de zee en de maan spelen een potje pong en ketsen eindeloos het beetje licht heen en weer. We klossen omhoog, in de verte ligt bewegingsloos water. We zakken neer in het losse zand.

'Kijk,' ze legt haar hand op mijn arm, wijst met haar andere naar twee schepen, vreemd hoog op de horizon geplakt. De lichtjes, het heeft wel wat. Ze rommelt in de tas, pakt er een peer uit. Ze neemt een hap, en nog een, geeft de vrucht dan aan mij. Ze kijkt me aan. Ik weet dat ze gezien heeft hoe ik haar fixeerde met mijn blik, hoe ik keek naar haar lippen rond die vrucht, het vocht dat ontstond rond vrucht en bijtende mond. Dat allemaal heb ik gezien, dat weet ze. Ik neem een paar happen. Ze haalt twee blikjes bier uit het tasje en vraagt of ik ze open wil maken. Dat lukt haar namelijk niet, met die nagels. Die waren me al opgevallen, het zijn gemanicuurde, vrij lange nagels, beschaafd gelakt. Ik denk aan schattige jurkjes en al dan niet vrijwillig ingelijfde meisjes, aan mannen die smachten naar mysterieuze vrouwen. Ik denk aan de twee reeën die ik eens betrapte, in het grijze ochtendlicht. Zelfs de vogels sliepen nog. In een perfecte cirkel liepen ze achter elkaar aan, alsof ze om een denkbeeldige schat liepen. Steeds hetzelfde rondje en ze stoorden zich niet aan mij, ze waren gevangen in hun gezamenlijke hypnose. Het gras onder hun hoeven raakte platgetrapt. Een rituele paringsdans die niet voor mijn ogen was bestemd, maar ik voelde me al heel lang niet meer uitverkoren. Ik denk aan mijn moeder en mijn zus, op wie ik nooit zal lijken. Ik denk aan wie ik ben als ik haar help, ik neem het blikje van haar over en ik zeg zacht dat ik me altijd wat geïntimideerd voel door vrouwelijke vrouwen.

Ze heeft gelijk als ze zich als gebeten afvraagt waarom ik vrouwelijkheid aan nagels afmeet. Waarom ik haar op grond daarvan beoordeel. Dat zij, vrouwen, altijd op grond van hun vermeende vrouwelijkheid beoordeeld worden. Te veel of te weinig, goed of kwaad, hoer of Maria, maar nooit waardevrij. Altijd in de eerste plaats vrouw, nooit mens. Kaarsrecht zit ze naast me. Geschrokken stamel ik excuses en dat ik het zo niet bedoelde. Dan valt ze me lachend in de rede, zegt dat ze me maar plaagde, zo snel is ze niet beledigd, zo serieus hoef ik het niet te nemen. Ze drinkt van haar bier, ik kijk naar haar keel. En die schepen maar baggeren.

17

Soms vergeten we hoezeer onze nazaten op ons lijken. Want als ze het al niet waren, dan raakten ze nu echt verdeeld. Het liep hoog op. Van een vreemde verwacht je onzin, maar iedereen in dit dorp was op de een of andere manier verwant en onenigheid met een broer, schoonzus, nicht of oudoom, dat kwetste. Dat was regelrecht verraad.

De ene helft vond Ra een bedrieger – en waar te beginnen –, ze hadden genoeg bewijs. Ze waren voorgelogen, eerst al over die paar zielige plantjes die nog geen kind door de winter zouden helpen, laat staan hun voltallige volk. Erger was de groeiende overtuiging dat Ra gewoon een vrouw was. Niet eens 'gewoon', onderbraken ze elkaar, veel erger, een halve. Dat er twijfel was gezaaid over zoiets basaals, namen ze anderen kwalijk. Zwak leiderschap, werd er eindelijk hardop gezegd. Want het toestaan van dergelijke twijfel betekende het einde van alles. Dat bewees hun penibele staat. Het was gewoon niet natuurlijk, hitsten ze elkaar op, hun stemmen werden luider. Je hoefde maar om je heen te kijken, naar de bokken en de ooien, dan wist je genoeg, over hoe het hoorde. En dat Bes zwanger was, nou een zwangere vrouw, daar was werkelijk niets bijzonders aan. Iedereen, en daarmee bedoelden ze iedere échte man, kon de vader zijn.

De andere helft was overtuigd van Ra's speciale gaven. Na de stier, de erwten en de zwangerschap voelden zij zich bevestigd in wat ze eigenlijk al lang wisten. Daar ging een bepaalde kalmte van uit. De aarde hier was te licht bevonden. Verandering zou hen redden en ze waren eerlijk gezegd teleurgesteld in hun behoudzuchtige verwanten, hadden meer van hen verwacht. Zij stonden paraat om hun huizen, voorouders en velden te offeren. Alles voor een beter leven. Ze wilden niets liever dan middenmensen worden, net als Ra, op hun eigen middenland in zee.

Het zijn zulke emotionele wezens, de mensen, we besloten te wachten tot de storm ging liggen.

Om de verwarring te vergroten, viel er die nacht eindelijk wat regen. Al maakte dat voor het graan niet meer uit, dat naderde zijn rijping, bleef in dit stadium zelfs liever droog. De schapen hadden vanochtend met hun prikpoten poeltjes in de oever van de rivier gemaakt en in het lauwe water toerden stuiptrekkende beestjes.

De Waker verzamelde er gehurkt wat klei. Wapperend joeg hij wolken knoetjes weg. Hij was er tot in iedere vezel van doordrongen dat de tweespalt, hoe bedreigend ook, de aandacht van zijn vergetelheid afleidde. Het was nou ook weer niet bepaald eenvoudig, alles altijd maar door jezelf te laten spreken. Het vroeg iets van een mens, een bepaalde wijsheid. Wat dacht je dan, betekenis kwam niet vanzelf. Maar zonder herinnering, zonder zelfs maar een hint, raakte alles op drift. Ga met Ra, het was misschien veel letterlijker bedoeld dan hij in eerste instantie had gedacht. Hij wist van het bestaan van Melos, het eiland van hun obsidiaan. Al lag dat oneindig ver weg. Niemand die hij kende was er ooit geweest, de plek kwam voor in de verhalen van mensen die het kostbare zwarte gesteente kwamen ruilen, mensen die er zelf misschien ook nooit waren geweest. Er was ook een ander eiland, had hij weleens gehoord, dichter bij hun kust.

Hij ademde moeizaam, de lucht was dik van het vocht. Zijn gedachten meanderden terwijl hij een handvol klei zacht kneedde en er een kleine mensfiguur van vormde.

Een inval, tuurlijk, schamperden sommigen van ons. Want dat was precies wat de man overkwam. Eerst zagen we hem nog lodderig naar het water staren, piepend haalde hij adem, maar de wolk knoetjes liet hem niet met rust, ze staken in zijn ooghoeken en net boven zijn oren, het was een zwerm, zoals de bijen die in het voorjaar uit hun nest groeiden, omdat het er zoveel waren. Ja, de bijen! Hij kneep begeesterd in de klei, zijn blik nog steeds op oneindig, en wat er dan gebeurde, wij vonden zijn inval wel poëtisch, terwijl ze uit hun nest puilden, die wriemelende, stekelige massa, wat er dan gebeurde was dat de helft van het volk, de zwerm, vertrok. Hun gezoem laag en dreigend, zo'n zwerm was een ondeelbaar wezen. Zwermende bijen staken niet, in de ban als ze waren van iets en elkaar. Een zwerm was vormvast en niemand, geen enkele bij, twijfelde over de weg waarheen ze gingen.

Hij veegde een sliert haar achter zijn oren, keek naar de misvormde klont in zijn handen. Dat was het! Werktuiglijk maakte hij er weer een mensfiguur van, gaf het borsten en een kop als een fallus. De zee beangstigde hem niet, nee hoor. Hij verzamelde nieuwe klei, begon aan een tweede figuur. De onenigheid van zijn volk was een natuurlijk gegeven, snapte hij nu. Zijn helft moest simpelweg gaan zwermen. Hij zou iedereen straks over de bijen vertellen en de route, daar hoefden ze maar op te vertrouwen.

Ouwe gek, riepen sommigen van ons en ze maakten een wegwerpgebaar. Ze wendden zich tot ons en vroegen hoe wij iemand serieus konden nemen die een parallel trok tussen een stel insecten en zijn eigen mensenvolk, hoe we konden luisteren naar iemand die zichzelf zo oneindig serieus nam, die onvermoeibaar betekenis verzon, die fabuleerde, die de puzzel zowel creëerde als oploste, daarna anticipeerde op applaus.

Het is kunst, voerden wij aan, een soort vallend leven, dat vervolgens zweven noemen, en of zij dan echt dachten dat het anders kon. Bij leven waren wij bovendien niet anders geweest, je kon niet verwachten dat de logos gedurende zo'n korte levensspanne grenzen van enige betekenis oversteeg, het lot van ieder levend mens. Maar als je niets serieus nam, niets benoemde of beweerde, dan kon je er net zo goed meteen mee kappen. We werden boos, ondanks wie we waren.

De beschimpers zwegen gepikeerd. Zeiden na een korte pauze dat het daarom nooit wat met de mensen zou worden, met zo'n toegeeflijke houding. Laat ze dan maar gaan, de schapen, naar hun eiland, laat ze maar volharden in hun insectenbestaan.

Eindelijk werd het graan geoogst en de oogst viel zoals verwacht tegen. Van het weinige kwam de helft de achterblijvers toe, de andere helft werd gedorst en zorgvuldig ingepakt. Zoals het graan en de mensen halveerden, zo groef men ook de helft van de beenderen op en scheidde men de schapen. Alle gereedschappen werden verdeeld, die om te jagen, te villen, kleren te maken en het land te bewerken, maal- en kookstenen en voorraden medicinale planten. Alle erwten gingen mee. Er was één probleem: de Moedersteen was keihard en heel. Dat wat ze in haar bewonderden, veranderde in een last. Iemand opperde haar te splijten. Men gruwde. De twee helften zouden beide groepen – daar was iedereen het over eens – rampspoed brengen. De vertrekkers wonnen. Zij hadden de Waker en hij was de enige die haar goed verstond. De blijvers gromden voor de vorm, want ze hadden genoeg: zij hadden gelijk.

We komen terug, zeiden de handen die armen en schouders vasthielden bij het afscheid. Als we de route kennen, als het eiland ons voedsel geeft, als onze huizen stevig staan. Dan komen we jullie halen – het bleef tenslotte familie. Ja, zeiden de ongelovigen, de ouderen en zieken, ja hoor, kom ons dan maar halen. Verkozen worden was gevaarlijk.

De vertrekkers zwaaiden naar het enige wat ze kenden: de achterblijvers, hun ronde, half in de aarde verzonken huizen en hun velden, die langzaam uit het zicht verdwenen. Iemand vertaalde trommelend het aarderitme. De schapen, die met hun ongerichte grazen het tempo bepaalden, blaatten er rommelig doorheen. Voorbij een onzichtbare grens wilden de dieren terug, maar een paar kinderen joegen hen voort. Onwennig stapten ze overal aan voorbij. Boven de stoet, die zich traag over heuvels en dalen vouwde, trokken wij met ze mee.

18

Hard fietsen helpt. Af en toe scheert er vuurtorenlicht over mijn kruin.

Ongemakkelijk namen we net afscheid.

Alsnog voel ik me betrapt, door wie of wat is onduidelijk. Ik grijp naar mijn kruis. Wat ik al dacht. Mezelf fouillerend, beklop ik mijn benen. Ergens achter de alcohol gloeit schaamte. Ontmand.

Met een mouw veeg ik mijn neus af. Ik dacht dat ik scherper zag dan anderen, dat ik dwars door alles de echte werkelijkheid op heterdaad betrapte. Wanda vond het grappig. Ze vinden het altijd grappig. We knippen mensvormige sjablonen van dik karton en leggen die over elkaar. We puilen eruit, er is nog net ruimte voor een oog, mond, een hand misschien. Maar de uitsteeksels en het driedimensionale verdwijnen achter karton. Als een vlekje op je netvlies, dat wegdrijft wanneer je scherpstelt. Ik dacht dat ik het ving.

Luidruchtig haal ik mijn neus op. En de golven maar rollen en zij maar praten, met haar gelakte nagels en ik, een menhir, ernaast. Het is maar een spel, waarom doe je niet mee? Of ik een misogynist was, had ze zelfs gegrapt.

De mens is een man. Alleen de vrouw is dat niet, dus misschien heeft ze gelijk.

Ik smak de fiets tegen de muur. Verderop scharrelt iets kleins. Een egel, zie ik, als ik dichterbij stap. Hij volgt de contouren van het huis. Bij een pluk onkruid houdt hij halt en probeert zich er ritselend in te verstoppen. Ik hurk. De egel draagt een muts van cellofaan. 'Achterham' lees ik op het etiket. Aan de onderkant van zijn stekelpantser puilt zacht haar. Ik bevrijd hem van zijn plastic pet. Stoïcijns volhardt hij in afwezigheid. Als het toch zo makkelijk was.

Ik stamp het huisje binnen. Mijn hoofd tolt. Ja, ik moet hier weer over beginnen, het is groter dan ikzelf. Voor het zwarte raam blijf ik staan, zie mijn reflectie in het glas. Zonder bobbel. De opgerolde sok, weggeglipt uit mijn broekspijp, ik stel me voor dat hij ergens in een duinpan ligt. Laagjes zand hechten zich aan de ruwe stof, het zoute vocht trekt erin. Morgen al onzichtbaar, al laat een meeuw zich misschien foppen en wordt er kort in gepikt. Meer en meer zand hecht aan de sok. Erachter ontstaat een luwte waar het fijne zand niet weggeblazen wordt. Zo ontstaan duinen. Dan, bij springtij, neemt de zee hem alsnog mee. De sok zuigt zich vol water en laat zich meesleuren. Voorbij de branding zal hij zakken, een vis hapt maar laat weer los.

Het zwart draait, ik leg een hand op het glas, leun er met mijn bovenlijf tegenaan. De alcohol is een angstspons, ik verander in een reuzeluiaard, beschut in een grot onder de grond, tevreden met mijn isolement, te groot voor vijanden, af en toe beweeg ik een poot. Ik resideer in mijn hoofd. Een kamergeleerde, met mijn dwaze denkfout, zo overtuigd.

Ik val met kleren en al op bed, val door golven, sokken en sluiers. Zeg dan wat, denk ik vlak voordat ik in slaap val, nu is je moment.

De deurbel, ik schrik wakker. Mijn hoofd voelt als een hardgekookt ei. Ik draai me naar de muur. Hoe zat het ook alweer? Als alles maar gewoon heel even stilstond, dan kon ik het bijbenen, kon ik nagaan uit welk materiaal ik bestond. Weer die bel. Als er steeds lagen over je heen worden gelegd, nieuwe afzettingen van de wind of het water, afdrukken van iedere aanraking en ieder woord, welke matroesjka ben je dan?

Een autoportier slaat dicht, de motor start. Ik veeg het gordijn een stukje aan de kant. Er staat een kruiwagen met spullen voor de deur. Mijn telefoon knippert, ik open het scherm. Werner vraagt wat ik bedoel met verwilderingsproject en dat hij anders wel naar mij toe kan komen. Geen antwoord op mijn vraag hoe het met hem gaat.

Kunnen we nu eindelijk naar huis, klaagt de vrouw die ik nooit werd.

Ik eet wat en ga dan meteen aan de slag. De potgrond gaat in de kratten die ik gisteren in de schuur vond, ik giet het weekwater weg, vang de gezwollen erwten op en verdeel ze over het oppervlak. Goed gezien, denk ik. We gaan inderdaad nog niet naar huis. De olifanten wisten ook niet waarheen, maar dat weerhield ze niet van gaan. Met een gestrekte vinger druk ik de erwten in de grond. In de schuur vind ik de gieter en extra potten, ik neem alles mee naar binnen, scheur een tweede zak potgrond open. Het begint in de keuken te ruiken naar kwekerij, vochtig en opwekkend.

Het komt wat laat, het besef, dat het vormen en de afhankelijkheid wederzijds zijn. Dat geef ik toe. Wij vormden de planten en de planten vormden ons. Het waren de granen die we op grote schaal gingen eten, die ons huizen lieten bouwen, die ons lieten zwoegen, ons dwongen tot een boerenbestaan, iets wat verregaand onze cultuur bepaalde. We bouwden reserves en dorpen, braken onze ruggen, verdeelden arbeid, stapelden steeds sneller kennis en techniek terwijl we ons op de achtergrond steeds afhankelijker maakten van slechts een handjevol planten. Het is het graan, wereldwijd inmiddels, dat ons dwingt zijn nakomelingen uit te zaaien. We kunnen niet meer terug naar een wereld zonder.

Ik kijk naar Wanda zoals anderen naar mij.

Ik druk de laatste zaden in de potgrond. De weg van de erwt snappen is een glimp van onze eigen domesticatie opvangen. Begrijpt ze dat? Want stel dat het proces omkeerbaar is? Het experiment is alleen maar noodzakelijker geworden. Eerst verlos ik de erwt van zijn vorm en daarna mijzelf. Ik weet eigenlijk niet waarom ik haar nog probeer te overtuigen.

Dat verwilderingsgedoe van die erwt, het lijkt wel je weg naar verlichting, klinkt ze nu een beetje vermoeid.

Verdomd. Het komt niet vaak voor dat ze iets zinnigs zegt.

We transformeren onszelf en elkaar, laten ons tekenen door de tijd, wij beschrijven de tijd en hernoemen pijn, we corrigeren het begin als we aan het einde zijn, een einde dat ons definieert, koppig herscheppen we het idee van een einde en ondertussen moeten we het maar doen met wat we hebben, stilstaan is geen optie. Maar je kunt niet iets veranderen wat niet bestaat. Sedimenten dalen neer op materie. Klei wordt nooit zand, aarde laat zich herleiden. Het verleden blijft intact, weerspiegeld in verschillende lagen. De jongste ligt altijd boven, de oudste draagt en wacht onaangetast onderop, het moedergesteente. Lagen raken niet vermengd.

Er bestaan stoïcijnen onder de dieren. De zebra bijvoorbeeld, die zich niet door mensen laat veranderen. Iedere vorm van domesticatie loopt uit op niets, het is en blijft een hopeloos, wild hoefdier dat gemeen bijt en dan niet meer loslaat. Niet gediend van menselijke inmenging, ongevoelig voor fokkerij. Maar het kan nog stugger. De indri, een primaat uit Madagaskar, overleeft niet eens in gevangenschap. Haal hem uit zijn bos en hij sterft. Misschien stopt hij met eten, lust hij het alleen zelf geplukt en vers van de boom, verpietert hij in betonnen kooien – wie zou dat trouwens niet doen –, hangt hij miserabel in een hoek omdat zijn lichaam het springen, zweven, grijpen, van tak naar tak, in een waas van groen, nodig heeft. De pijn van stilstand te groot. De indri, martelaar der wilde dieren, sterft liever uit.

Ik dek de zaden af met een laagje potgrond en vul de gieter, kijk door het keukenraam naar de chaos van kuilen.

'Fijn, je neemt op.' Ik leg mijn hand op de steen, glij met een vinger over de glimmende schram. Werner kreunt aan de andere kant van de lijn, hij vraagt hoe laat het is. 'Dat weet ik niet Werner, ik bel voor iets anders. Het spijt me, van laatst.'

'Wacht even', ik hoor een deur, voetstappen. 'Wat bedoel je?'

'Ik had niet zo aanmatigend moeten doen, over jou en je collega. Want het klopt wat je zei. Over de context die de vorm bepaalt.' Het is even stil. 'En misschien zoek jij ook wel een nieuwe.'

'Maar wat nou,' fluistert hij, 'als het niet meer dan geilheid is? Ik bedoel, dat verloren deel van Perel?'

'Nou?'

'Mager, toch?'

'Wat zegt die Perel daarover?'

'Die aflevering heb ik nog niet geluisterd.'

Ik kijk naar het krat meccano in de woonkamer.

Met de hoekige plaatjes kun je nooit ronde vormen maken, toch blijven er haast eindeloos veel andere vormen over. De beperking is reëel en door mensen bedacht. En deze hebben we onthouden, in tegenstelling tot een heleboel andere maten, normen en uitvindingen. Zoals het de eerste boeren ontging dat ze granen selecteerden met een stevige aarspil. We zijn geen reuzeschildpadden of sequoia's, ons leven is te kort, we vergeten. Met onze kennis van veredeling en erfelijkheid, lijken die eerste boeren wonderlijk animale wezens. Keken we maar wat vaker achterom. Beseften we maar iets vaker dat we nog steeds denken dat de beperkingen van hogerhand komen. Wij bepalen de maat van de metalen plaatjes, de smaak van de appel en het wezen van de vrouw. We beperken de ander maar ook onszelf en dat is niet het grootste probleem, dat is de vergetelheid.

'Ik denk niet dat je haar nodig hebt om te herontdekken.'

'Wie, haar?'

'Wie dan ook.'

'Daarom, ga mee naar Flores. Het zal ons allebei goeddoen, een nieuwe context. Je bent daar maar een beetje aan het vegeteren.'

'Verwilderen,' antwoord ik zwak, 'en niet ikzelf, de –'

'Ik heb iets geschreven, ik mail het je, oké?'

Ik kan het hem niet uitleggen. Juist hem niet, iemand die overduidelijk geen nieuwe context nodig heeft.

Ik kan niet uitleggen hoe vervreemdend het is als je binnenwereld conflicteert met buiten. Dat je aan jezelf gaat twijfelen, eerst. Hoe dat verschil uiteindelijk resulteert in schaamte en dat je schamen voor jezelf een niet te winnen strijd is. Ik kan hem niet uitleggen hoe groot het belang is te bewijzen dat niet ik, maar de wereld, in de war is. Die denkfout is van levensbelang. Omdat ik hem en iedereen aan mijn kant wil, ik wil de pijn verdelen, wil dat het voor ons allemaal urgentie krijgt. Ik heb het nodig dat het groter is dan ikzelf, om de mensen te bereiken. Daarom die erwt, daarom al die moeite. Zodat hij niet meer hoeft te herhalen dat ik me niet zoveel van de mensen aan moet trekken. Het moment dat ik in zijn ogen die van de bakker ga herkennen, is alles verloren. Daarom kan ik niet met hem mee.

Dan zijn we het op dit vlak eindelijk een keer met elkaar eens, zegt de vrouw die ik nooit werd. Jullie vormen inderdaad een vreemd koppel. Ik zie een man en naast die man zie ik jou. Trouwens, hij heeft al een vrouw. Op reis zullen jullie steeds dicht bij elkaar zijn en dan komt er een moment dat jullie uitgepraat raken over eilanden. Tijdens het ontbijt zitten jullie tegenover elkaar als een uitgeblust stel. Je ongemak zal hem besmetten. Zo gaat het altijd en je weet ook waarom: omdat je niet naar me luistert.

Ik kan hem ook niet vertellen over haar, de vrouw die ik nooit werd.

Schaamte is niet alleen het ongewenst opgelegd krijgen van een identiteit, beoordeeld worden op grond van de bijbehorende stereotyperingen en de effectieve ontmenselijking die dat met zich meebrengt. Het is ook de angst voor zichtbaarheid van de werkelijke identiteit, de angst ontmaskerd te worden, zoals mij gisteren overkwam. Uit de coulissen getrokken en in het volle licht gezet. Een studiegenoot merkte ooit zakelijk op, nadat ik had gemopperd over iets willekeurigs, dat ik dus wél een mening had. Het stille meisje, daar stond ik om bekend, niet om mijn mening. Was mijn stilte een dekmantel geweest? Niet één maar twee identiteiten werden onthuld, het was onduidelijk voor welke ik mij het meest schaamde, welke het meest de mijne was. Hoe dan ook bleek dat zichtbaarheid niet loonde wanneer je de enige van je soort was, wanneer representatie ontbrak. Eerder het tegenovergestelde, een bevestiging van je solitaire bestaan, je tot uitsterven gedoemde eilandstatus. Maar schaamte is ook een grondboor die stuit op het moedergesteente. Een erwt wordt nooit een pompoen, er zijn grenzen.

Ik giet water over de zaden. Er is geen handeling bevredigender dan zaaien. De kratten en potten zet ik in verschillende vensterbanken. Erwten kiemen vlot, over een week of drie gaan ze al naar buiten. Dan open ik de keukendeur, trek de zaagbroek aan en til de motorzaag uit de kruiwagen.

’s Middags loop ik naar binnen, de geur van motorolie en nat hout nog in mijn neus. Ik schop de laarzen uit, smeer op sokken een boterham en open mijn mail.

Werner schrijft dat de bijlage een stuk bevat over de mogelijke ontmoeting van de Floresmens met de eerste moderne Indonesiër. Zo'n ontmoeting is niet ondenkbaar, de komst van die moderne mens valt namelijk min of meer samen met het uitsterven van de Floresmens, toeval of niet. Sommigen beweren dat er nog individuen in leven zijn, of dat het volkje pas kortgeleden uitgestorven is. Men spreekt op Flores van Ebu Gogo, een klein wezen dat zich verstopt in de bossen en af en toe problemen veroorzaakt. Hij schetst de context waarin de moderne mens vijftigduizend jaar geleden op Flores arriveerde. Ver voor de eerste boeren, realiseer ik me. Ze kwamen misschien van Sulawesi of het Indonesische vasteland ten noordwesten van Flores. Indonesië had in het pleistoceen namelijk veel meer vasteland. Door de kou zat veel water opgesloten in ijs, waardoor stukken zeebodem droogvielen en er landbruggen ontstonden tussen de verschillende eilanden. Dit volk leefde van de visvangst, de jacht en wat het al rondtrekkend aan plantaardig voedsel vond. Tot het op een dag besloot zijn land te verlaten. Het is mogelijk om, bedoeld of onbedoeld, vanaf Sulawesi mee te dobberen op de zuidwaartse zeestromen en dan op Flores aan te komen. Over land ging niet. Omringd door diepe zeetroggen was dit altijd een eiland geweest. Maar deze mensen waren niet de eersten, het eiland was niet onbewoond. Ik open de bijlage.

Dagenlang dreven deze jagers en verzamelaars op zee, tot ze in de verte Flores zagen. Niet te missen, dit eiland, dat verticaal de lucht in stootte met zijn hoekige flanken en scherpe toppen. Het water brak open, een troep vliegvissen snelde hun vooruit, bespotten met hun souplesse het onbeholpen dobbervlot. De golven duwden hen landwaarts, ze spoelden aan. Opgelucht kropen ze op een hoop en daar begon het collectief te gisten, er dreven woorden naar boven. Het was een kind dat zei: we zijn hier niet alleen.

Ze vonden een waterbron, hun thuisgrot, ze baarden er kinderen, vingen enorme ratten en kleine olifanten, het eten viel hun haast in de schoot. Ze stroopten en braadden en verzadigd werd de kwestie voldaan vergeten. Ze prezen zich gelukkig en nee, ze waren niet alleen, maar waren het niet de ogen van de vreemde beesten die hier woonden, de enorme rattenbijters, reuzenooievaars, lilliputterfanten en de draakvaranen? Het waren hun blikken die ze voelden, het was de onwennigheid van nieuwe ogen. En ja, soms verdween er weleens iets. Een handbijl, soms een krabber. Een jennende bosgod, concludeerde het nieuwe volk van Flores en trouwens: er was genoeg, dus wat te klagen?

Het kind dat destijds had gesproken, was inmiddels groot gegroeid. Hij trok die dag naar het binnenwoud. Het geroep van vele vogels overstemde zijn ritselende lopen. Een kille damp hing tussen de bergen. De mistflarden omfloersten het graniet, dreven op onduidelijke krachten en verdwenen om de hoek. De lucht was paars, daarna groen en later ijl, de bomen hingen zwaar in hun rug of die van een ander.

Hij had het pad al een tijd verlaten en bevond zich nu in een vallei. Hoge grassen reikten tot zijn borst, zijn blikveld werd in de verte omzoomd met zacht bebladerde bergen. Zijn loopstok stak hij steeds ver vooruit om verstopte varanen te betrappen. In plaats daarvan stuitte hij op het enorme grondnest van een reuzenooievaar, drie eieren blonken in de zon. Hij dook ineen, zocht naar de loopvogels, die hongerden naar vlees en alles wat rondsprong naar binnen klepperden. Zijn twijfel duurde maar even. Omdat hij ze niet zag, sprong hij tevoorschijn en griste twee lauwwarme eieren mee, meer kon hij niet dragen. Ze stonken naar vogelpoep en gleden onder het lopen. Hij gromde, duwde hinkend een knie omhoog. Er braken takken, hij draaide zich om en zag nog net hoe het dier dat ver boven hem uittorende, hem met een flinke zwiep van zijn snavel tegen de grond sloeg. Zijn hoofd brak open en de eieren, met hun dikke schalen, niet. De pijn snerpte, even sloot hij zijn ogen. De vogel kraaide, duwde haar eieren heel voorzichtig heen en weer, prikte daarna in de onbeschermde buik van de man die gehoorzaam begon te bloeden. Tot ineens uit het niets een steen tegen haar kale kop knalde. Klapwiekend met haar onbruikbare vleugels stapte ze dwaas in het rond, trapte met haar scherpe klauwen op haar eieren, rijkelijk vloeide er struif. Nog een steen, de vogel kreet getergd, pikte in een plakkerige schaal. De derde, tegen haar majestueuze borst, deed haar uitwijken, ze verdween.

Een stamgenoot, dacht de man, kom toch tevoorschijn, ik ben gered. Een fabelwezen, dacht Ebu Gogo, de vogel heeft een reus geveld. Ze kroop uit de boom naar beneden en keek naar de gewonde figuur. Angst greep de man bij zijn lamme benen, verschrompelde alles op zijn weg naar boven. Dit harige bossatertje op veel te grote voeten leek op, ja op wat?

Hun ogen zakten naar elkaars geslacht, zoals mensen doen, dat van de man verborgen achter een dierenhuid, het hare tussen haar korte benen. Toen naar elkaars borst, de hare zacht behaard en tussendoor vliegensvlug naar het gezicht, stand van de ogen en de mond, en ten slotte naar de inhoud van hun handen. Beiden ongewapend, beiden betreurden deze stommiteit. Het gezicht van de kleine Ebu verwrong in een grimas, ze neeg naar de grond, sloop dichterbij als een spin, maar vloeiender. Pakte onderweg een steen en richtte.

De man, zijn handen voor het gezicht, riep nee, niet doen, alsjeblieft. Ze stokte. Zijn handen gleden verder naar achteren, onderzochten de wond die ernstig bloedde. Door een kier tussen zijn vingers keek hij naar de kleine figuur, de opgerichte hand – geen poot –, op haar gezicht vertwijfeling om zoekgeraakte agressie, een plan, haar bakkebaarden, haar dunne maar onmiskenbare vacht, een hoofdje, kleiner dan het ei. Dit kon alles maar geen mens zijn. Ebu hurkte en wachtte.

De dag verliep en niemand kwam hem halen, ook de volgende niet. De kale reus lag daar maar, ze had hem geheimgehouden. Uitgeput verdween hij ten slotte achter zijn ogen, kwam pas terug toen Ebu zijn hand aanraakte, iets prevelde, en ineens wisten ze allebei: onmenselijk lang geleden deelden wij een moederhand: rood bloed, bot wit, ogen bang. Hoe doder hij ging, hoe meer ze strookten.

Ik leg mijn telefoon neer. De kleine Floresmens bewijst dat we, tot haar ontdekking, onvolledig dachten. We hadden geen idéé van de reikwijdte van het haperen van onze kennis, van onze onnozelheid. Niet dat we daaronder leden. Pas toen zij opgegraven werd, in een volgens Werner kathedraalachtige grot op Flores onder meters sediment, waar ze gezelschap werd gehouden door een rijkelijke hoeveelheid reuzeratrestanten, toen we met haar botten het gat in onze kennis hadden gevuld, zagen we onszelf iets scherper, zagen de troebelheid van ervoor. Zij is een bescheiden aanvulling op ons mensbeeld en dat is al heel wat. Het is een beeld dat aan een chronisch tekort lijdt. Omdat we enkel zien wat afwijkt en zelfs dat zien we liever niet.

19

Na zeven dagen bereikten de mensen de kust. Ze begrepen al snel dat de zee niet iemand was die je tegen je wilde hebben. Ze had een wispelturige aard. Rimpelloos trok ze zich terug, soms juist krachtig zuigend. Net als ze haar kittige golfjes dachten te begrijpen, beukte ze nog diezelfde nacht als een onbenullig jong beest het land overhoop en brulde hen wakker. Al was dat geen woede, daarvoor was het te ongericht. Er raasde hier altijd wel wat.

Dagenlang werkten ze aan boomstamkano's, niemand had een beter idee. Met gecontroleerde vuurtjes verkoolden ze het binnenste van de enorme stammen en holden die met handbijlen geduldig uit. Met dunnere stammen werden twee kano's aan elkaar bevestigd. De proefvaarten waren veelbelovend en toen de zee bedaarde, werden een voor een de schapen in de kano's getild. Daarna de kinderen, al hun gereedschap, de Moedersteen en hun belangrijkste bezit: het zorgvuldig verpakte zaad van het graan en de erwten. Een paar mannen duwden af en sprongen op het allerlaatste moment aan boord.

Nu zijn jullie van mij, zei de zee. Niemand die het hoorde, alleen wij.

De schapen dreinden en mekkerden onafgebroken. Ze verlangden naar gras en land, naar rustige dagen vol heerlijke herhaling. Ze riepen om hun zusters die waren achtergelaten in het dorp. Een volle dag hield het blaten aan, een enkeling zette door en verloor haar stem. Schor en hoog klonk haar klagen.

Slapeloos van de honger en het getol vertelden de mensen elkaar verhalen. Over hun dorp, onze heldendaden en over het enige eiland dat ze kenden, Melos, of wat ze erover hadden gehoord. Ze betreurden achteraf hun eigen gemakzucht, want ze hadden nooit echt goed geluisterd. De zee met haar eilanden was tot voor kort niet meer dan een idee geweest.

Toch waren dit geen bange mensen. Ze hadden de goden aan hun kant, dat bleek. Ze hadden niet alleen de Moedersteen en de Waker, maar sinds kort ook een middenmens met erwten. En ons, maar wij hielden ons even gedeisd. We verkeerden in een staat van gelukzalige eendracht. We waren het – eindelijk! – met elkaar eens. De dwarsliggers bevonden zich op het oude land, een zee ertussen. Het kon niet beter.

Er was niets om ons druk over te maken, behalve dit handjevol mensen, het water. Soms voel je de last pas als die je verlaten heeft.

Vertel nog eens over ons eiland, vertel over wat je zag, vroegen Bes en Fern aan Ra, want zij waren beiden nog nooit ergens geweest. Een eiland in de zee, hoe moest dat eruitzien, was het wel groot genoeg voor iedereen, zou het niet zinken, dreef het niet weg, woonden er vijandige Geenlanders of menseneters en zouden de goden van hun oude land hen daar wel vinden? De mensen hingen tegen elkaar aan en deden, net als wij, alsof ze sliepen. Ondertussen luisterde iedereen gespannen mee.

Ra hoefde niet lang na te denken. Ze viel sinds kort samen met haar lot en dat was groots. Soms voelde ze ineens vier krachtige poten, hoe ze met haar borst ergens boven uittorende. De eenwording met de stier had haar twijfels weggenomen. Ze was wie deze mensen in haar zagen. Dus vertelde ze energiek over wat ze zich herinnerde, vulde bedreven de leegtes in. Dat eiland, zei ze, liet zich niet schaven door het water, het had een harde rand van steen. De bergen waren zo machtig, zoiets zwaars zou niet snel wegdrijven. Maar het waren uiteindelijk de eilandbomen die alles bij elkaar hielden. Die wortelden dwars door alle lagen aarde, dronken uit onderaardse bronnen, groeiden dwars door duistere holtes en priemden met hun wortels als een anker in de zee. Bomen die niet alleen de hemel maar binnenkort ook hun huizen zouden stutten.

Was er steppe, vroeg Bes, die de bodem van haar buik aaide alsof ze nooit anders had gedaan. En ineens was iedereen, behalve de zee die haar niet kende, op slag even terug in dat oneindig strogeel zonder bomen, de slangen, de droogte. Geen steppe, wist Ra vrij zeker. Wel land dat zich makkelijk liet winnen. In haar naakte aarde zouden ze hun gewassen zaaien.

In het donker wond ze een lok haar van Bes om haar vinger, snoof kort aan het droge, zoete.

De zee gorgelde verrast, wiegde de mensen alsnog in slaap.

Na vier dagen begonnen sommigen te klagen. Ze wilden terug, maar terug bestond niet meer, wees de Waker wild in het rond. Wij zwegen. Ze konden toch geen kant op.

De vijfde dag begon met een plakkerige mist, de zon schamperde erdoorheen. Kort daarna scheidde het water zich braaf van de lucht en op dat moment zag een van hen een streep die niet bewoog. Ze schreeuwde en iedereen staarde sprakeloos. Alsof met collectieve aandacht kon worden voorkomen dat het een waanbeeld zou blijken te zijn. Ze wisten inmiddels iets over de zee en haar streken. Ze peddelden en wisselden elkaar als bezetenen af. Ze zouden ergens aankomen! (Niet dat ze daaraan hadden getwijfeld, maar toch.) De golven van de branding waren sterk als honderd stieren, schreeuwend laveerden ze er dwars doorheen. Op zee wist iedereen zijn plek, maar door dat trotse land raakten ze alsnog verwikkeld in een strijd. De golven met elkaar, het eiland of met hen.

Hier is je land, zei de zee en uitgespeeld golfde ze hen op het droge. Weer luisterde niemand want zij waren niet haar kinderen. Zij waren boeren, mensen van de aarde en het was al laat. Ze wilden bukken en hun granen zaaien, kleverig vruchtbare aarde aan hun vingers voelen. Met een oor dicht bij de grond het kiemen volgen. Herinneringen aan een waterleven hadden ze niet, daarvoor hadden ze ons.

Op het eiland waaide een droge bries die rook naar bloei. Ze vonden eikels, bessen en dolven wortels. Een waterbron werd gevonden. In een karavaan trokken ze er de volgende ochtend heen.

Ze waren niet de eersten, misschien niet eens alleen, bewees een stel bouwvallige huizen. Van sommige restte enkel de vloer, maar de meeste hadden zelfs nog muren. Hoe was het mogelijk, zeiden ze tegen elkaar. Anderen waren hun voorgegaan. Waar waren deze mensen nu en kwamen ze nog terug? De vraag dreef hen naar elkaar als een nerveuze wolk sprinkhanen. Ze wendden zich tot Ra, hun gids, die zweeg, draaiden naar de Waker die met een bleke snuit tegen een muur leunde.

Ze dachten aan thuis. Want het verleden was veilig, iets wat ze kenden en aantoonbaar hadden overleefd. Daarom keken ze er graag op terug. Het was makkelijk van ons, hun voorouders, te houden, al was de liefde niet altijd wederzijds, dachten ze beschroomd. Wij leefden na onze dood een onfeilbaar bestaan. Ons geleefde leven gestold, werden we ontdaan van zonden, domheid verbleekte en venijn sleep zacht. Tekortkomingen werden vergoelijkt en uiteindelijk vergeten. Hier hadden wij nooit om gevraagd, wij gaven de voorkeur aan transparantie, dat moge inmiddels duidelijk zijn. Het was niet onze schuld dat zij steeds nieuwe maakten, scherpe fouten, die helder afstaken tegen onze smetteloze staat. Ze hadden er, kortom, alles voor over om de toekomst te bezweren. Met rituelen en verhalen werkten ze zich omhoog, eigenden zich de planten, de dieren en de aarde toe. Ze stegen in rang, vonden ze zelf en omdat het lukte, was het toegestaan. Nooit werd er een gedachte besteed aan – we noemen maar wat – de bek van de gazelle die zich perfect naar het gras had gevormd, dat het gras het grazen beter verdroeg dan alle andere planten zodat het enkel en alleen dankzij grazers zoals de gazelle domineerde. Die twee, gras en gazelle, hadden elkaar wederzijds gevormd. Toch vond niemand dat het gras de gazelle had getemd of dat de gazelle een geschenk was voor het gras, maar dat terzijde.

Ondanks het cultiveren van gewassen en hoogmoed – dat ging gelijk op – wisten de mensen best van hun gebreken, wisten min of meer van hun bestaan. Ze zagen het in de ander, die ze kende zoals ons of de toekomst: beide kwamen hun grillig voor. De ander was gevaarlijk. En de toekomst zweeg totdat ze aanbrak. Ook wij bleven stil. We hadden nooit om de rol van superego gevraagd.

Daarom waren ze er snel uit. De jongen Fern werd verkozen. In de kwestie rond Ra en de stier had hij al blijk gegeven van bepaalde kwaliteiten, hem zouden ze huwen aan het nieuwe land. Met zijn zaad zouden hun gewassen groeien en over een tijdje volgde hij de oude Waker op. Het was even simpel als perfect, er ging aan hem ook geen echte man verloren.

De jongeman wist wat het betekende. De mannen van dit volk stonden voor kracht en aten daartoe de ballen van wat ze vingen. Lauwwarm werden ze van stervend vlees gesneden. Kracht was precies waar het de tengere knul aan ontbrak, maar laf was hij niet. Natuurlijk snapten ze dat hij óók iets verloor. Hij werd niet benijd. Maar dit was hoe ze het altijd hadden gedaan. Straks was hij een stap dichter bij de goddelijke aard. Hij erfde hun troon en eeuwige trouw. Hun opluchting. Hun broeder.

Dronken van de gerstewijn werd hij 's avonds binnengeleid in de tent van de Waker. Wankel grijnzend, zijn kop grijs als meel. Er waren enkel mannen. Ze klopten hem op zijn smalle schouders, zijn borst, duwden hem in de huiden op de grond.

Broertje, sluit je ogen.

Ze bonden zijn handen en zijn voeten vast. Hem vertrouwden ze wel, het was zijn lichaam dat zich zou verzetten. Een reep leer tussen zijn kiezen, zodat zijn mond zichzelf niet op zou eten. Vier man nagelden hem aan de grond. Ze hadden haast. Ze wilden zaaien.

Broertje, als je wakker wordt ben je verlost.

De Waker schoof het onderkleed van de jongen aan de kant, die zijn hoofd wegdraaide. Ze keken allemaal naar zijn zachte jongensgeslacht. Overbodig.

De mannen ademden in, alleen nog in. Steeds dieper en luider en tegelijk. Ze werden één mond, zogen zijn binnenwezen naar binnen, vlokten samen, duwden met hun schouders, beklopten elkaar met vlakke hand en ademden.

De Waker legde heel precies het angstig gekrompen lid opzij, sneed met een kling van zwart obsidiaan de huid van de balzak in één haal open. Duwde de inhoud naar buiten en sneed die eenvoudig van het lichaam los.

Het gekrijs wilde de pijn eerlijk verdelen, maar hen bereikte enkel een echo. Toch was zelfs die massief en klonk steeds natter, alsof de jongen borrelend in zichzelf verdronk. Ze ademden in tot het draaide voor hun ogen en het vanbinnen helder werd. Ze kwamen samen in één punt, ze droegen hun toekomstige Waker.

Er viel een hete stilte.

Broertje, wakker worden.

20

Naast mijn steen ligt nog steeds het bandje. Hij moet hier nog ergens liggen, de walkman van mijn broer. Ik stop het bandje in de kangoeroezak van mijn sweater, gris een zaklamp uit de keukenla en loop naar de kelder.

Onwetenschappelijk, schampert de vrouw die ik nooit werd, van tevoren weten wat je zoekt. Als ik bijna bij de kelderdeur ben, roept ze me na: nog één ding! Je speelt hoog spel. Wat als je vindt wat je juist niet zoekt: bewijs voor je verwardheid?

Aan Flores denken, maan ik mezelf, aan Cyprus en de olifanten, denk aan hoe ze de branding tegemoet traden. Ogen gericht op het water. Niet weten waarom, maar dát je gaat. Het is wat ons door vele eeuwen heen verbindt. Want zoals de voorouders van de Floresmens over water kwamen, zo zou duizenden jaren later de moderne mens hetzelfde doen, zoals nog weer duizenden jaar later ook de eerste boeren vanaf het Levantijnse vasteland naar Cyprus vertrokken. In de loop van de tijd brachten die boeren hun gewassen, geiten, schapen, zelfs runderen en varkens mee. Ze bouwden ronde, half in de aarde verzonken huizen, begroeven er hun voorouders in de vloer, ontwikkelden een eigen eilandcultuur, aanbaden tweeslachtelijke stenen.

Voor de tweede keer daal ik af, op sokken dit keer maar niet meer stil. Laat maar wakker worden wat slaapt. Laat maar weten dat ik kom.

Onder aan de trap staar ik naar het gat dat zich in de uiterste wand bevindt.

Het laatste project van oom Filip: het geheel onderkelderen van het huis. Zo kon hij meteen de bedrading vernieuwen. Iedere potentie, dus ook die van ruimte, moest je volgens hem benutten. Wij vroegen ons af wat je aan een kelder in een vakantiehuis had, maar niemand dacht hardop, niemand wilde het plan voeden, in de hoop dat het daarmee niet zou aanvangen te bestaan, wat het uiteindelijk ook niet deed. Het atrofieerde. Wat rest is de aanzet, dit zorgvuldig uitgehakte gat naar de kruipruimte, niet een woord dat mij kalmeert. Een holle buik tussen huis en aarde.

Het licht van de kelderlamp komt maar tot halverwege. Ik loop tot de schemer. Het gat bevindt zich ter hoogte van mijn romp en heeft de grootte van een gehurkte mens, ik schat de diameter op zo'n vijftig centimeter. Ik stap in het duister en steek er een arm in. Koel, de haartjes op mijn arm richten zich op. Een slechte adem van schimmel, klapzand en vochtig hout walmt me tegemoet. Ik bestudeer de contouren, zoek naar aanwijzingen van ooit uitgevoerde handelingen. Je begint aan zoiets met een drilboor, lijkt me. Eerst een gaatje in de voeg, dan nog één, er ontstaat een bres, een slecht gemetselde steen geeft mee, tot een brok van drie tegelijk naar achteren ploft in het zand. Het zwart erachter wint aan lichaam, toont zich triomfantelijk, omdat het natuurlijk nooit weg was. Dan het koortsachtig kloppen, het losbikken. Mijn vingertoppen gaan over de rand die klam en ruw is. We denken dat we veilig zijn achter onze gemetselde muren. De gedachte aan de gaten erachter sussen we in slaap.

Kom dan maar, fleemt het gat. Ik was er altijd. Kom, juist nu je nog leeft.

Ik mis de aarde. Als mijten darren we rond, wriemelen in haar huid, stoppen ongevraagd kabels, tunnels, doden, afval, zaden, landbouwgif en kunstmest in haar. We denken haar te bezitten en eigenen ons haar toe, chippen haar als een kat, zij is onze vuilnisbelt, een gebruiksvoorwerp. Wij graven haar af, zuigen, dempen en mineren haar leeg, totdat alles wat haar bijeenhoudt verdwijnt en ze zo schurftig is dat hele stukken wegwaaien in *dustbowls*, als schilfers eczeem. Als wij haar al zien, kijken we niet verder dan haar korst. Die dekken we met asfalt af.

Zij, de oppervormer, is meer dan de optelsom van water, lucht, mineralen, secreties, het dode wat ooit leefde, het dode wat nooit leefde, het dode wat ooit zal leven, het leven. Haar aard weerspiegelt zich in de planten, de planteneters, de eters van planteneters en de eters van dat wat stierf. Een kool geteeld op kleigrond is vaster en zwaarder dan een kool van het zand, die flodderig en zacht is. Ook een plant is dat wat zij eet.

Ik knip de zaklamp aan en schijn. Het gat is weliswaar groot genoeg, maar ook niet meer dan dat. Het zwart deinst achteruit. Zand op de bodem, erboven de houten balken van de vloer, verderop verdwijnt het licht. Deeltjes dwarrelen, draden spinrag, dik van het gevangen stof, hangen als droge druipers naar beneden. De ruimte tussen het plafond en de bodem is krap.

Iedere geboorte begint met het hoofd. Die kwetsbare ballon moet altijd eerst. Ik verzamel moed, het duurt lang. Ik schijn in de hoeken en kieren van de ruimte, maar het licht landt nergens. Er zit niets anders op. Hoofd eerst, dan armen en buik, kruipknieën en als laatste mijn voeten. Tijgerend als een peuterdier, koel zand onder mijn palmen. Ik knijp in de zaklamp. Achteromkijken zal niet gaan, ik kan het duister niet de rug toekeren. Mijn hand trilt, het licht flikkert. Ik denk aan Pim, Frits en Ida die verdwaalden in een grot. Op de dagen dat de meester niet uit Godfried Bomans voorlas, zaten die kinderen daar maar in het donker te wachten. Met hun kleine rantsoen en stompje kaars. Dat sleepte zich zo wekenlang voort. Misschien hadden ze niet eens een stompje kaars, ik kan het me niet meer herinneren. Ik schuif vooruit, mijn rug schuurt tegen verwarmingsbuizen en iets scherps prikt in mijn palm, ik laat de zaklamp vallen. Engtevrees grijpt zijn kans. Een scherf, ik grom en veeg mijn handen schoon. Nadenken. Pim, Frits en Ida waren met z'n drieën. En ze zaten in een grot, of was het een mergelgroeve? Niet in een kruipruimte in ieder geval. Ik pak de zaklamp uit het stof en schijn, het licht lijkt eindelijk een eindpunt te vinden. Er is een muur met weer zo'n gat erin. Misschien was oom Filip verder met zijn plan dan wij allemaal dachten, hakte hij in het geheim ondergronds als een mijnwerker een ruimte uit die nog niet bestond. Ik kronkel verder, het is de enige beweging die mogelijk is. Regressieve evolutie, ik voel me een pootloze hazelworm. In het flikkerende licht bereik ik het gat. Werden ze eigenlijk gered, Pim, Frits en Ida, of vonden ze zelf de uitgang?

Ik wacht op mijn buik voor het tweede gat. Boven mij bevindt zich de keuken, op tafel de steen met de schram in een plasje zonlicht, in de woonkamer het lege krat met de meccano ernaast, in de vensterbanken de kratten en potten met gezaaide erwten, daarboven het plafond, de zoldering met het schuine dak en de houten spanten, zwarte pannen vanbuiten, verder uitzoomend zie ik de tuin met de ontwortelde kluit en de kuil, het negatief van zijn worteling, de schilferige boomstam met de kruin in het hoge gras, sliertig als lang jongenshaar, het tuinhek staat open, alsof Peter, die van de Wolf, al weg is, op zoek naar het beest. Naast de tuin die van de buren en die van hun buren, alles verbonden met zwarte linten straat die uitkomen bij het dorp, bijeengesprokkeld rond de stompe kerktoren. Daarbuiten bij de waddendijk de moestuinen met de vogelvanen aan stokken, de wulpse contouren van het eiland met de haven aan de ene kant, als het huidmondje in een blad, en de welvende duinen aan de andere, een geel omrande vlek in een zee van donker water met schepenstipjes die containers verslepen, vissen of bagger. Ik hier onder de grond.

Ik kruip door het tweede gat. De stilte is intenser, zonder gesuis van buizen. De aarde voelt vochtig onder mijn handen. Ik schijn naar beneden, geen tapijt van droog zand. Boven mij klieft het felle licht de donkere ruimte. Buizen of een plafond ontbreken. Alsof ik een uitgezette maag betreed die anticipeert op mij, het maal. Het zou een opluchting moeten zijn, al die plotselinge ruimte met extra lucht om in te ademen. Waarschijnlijk kan ik hier staan, maar dat kan niet kloppen. Dus blijf ik maar roerloos en plat aan de grond liggen. Niet te veel ruimte innemen, zeker niet wanneer een plafond ontbreekt. Ik hoop op randen. In huizen, straten en stations beweeg ik langs de muur als een muis, ik steek nooit dwars over. Zelfs in bed kruip ik naar de muur waar zich na jaren het bewijs aftekent als een grijze waas, net boven het matras. De Galliërs van Asterix en Obelix waren bang dat de hemel op hun schedel zou vallen, een jaloersmakende, concrete angst. Daar kun je helmen voor dragen en rituelen voor verzinnen. Je kunt het geknaag aan je ziel bezweren met menhirs, grote grijze stenen, geplaatst in min of meer ordelijke rijen, meterslang, van klein naar groot. Zij wisten wat te doen. Mijn angsten behelzen dat wat zich net buiten mijn blikveld bevindt. Het getik van een onzichtbaar beest in de spouw, het grenzeloze.

Ik schijn naar links en daar, eindelijk, landt het licht op een wand. Op die wand zie ik iets, ik tuur ingespannen, knijp in de zaklamp. Het zijn armachtige bundels. De spieren in mijn buik spannen, ze verwachten een klap. Met een arm druk ik me iets op en buig verder naar links. De wand die zich uitstrekt naar boven in het niets, die hele wand is belegd met wortels. Teerachtige wortels, dikke en dunnere, die als slanke balletbenen over de aarden wand slalommen. Ik schijn om me heen en zie ze nu overal. Alsof ik me in een wortelkathedraal bevind. Het sierlijke stutwerk van houten tenen vormt het barokke houtsnijwerk van een manische kunstenaar. Het licht van de zaklamp aait het hout van de wortels, machtige dragers. Ik heb de berk onderschat. Denkend dat hij niet diep wortelde, dat hij hier maar even was. Gedurende de honderd jaar van zijn bestaan heeft de boom het huisje van onderaf beetgepakt, als een grijpgrage hand zijn vingers eromheen geklemd, met slingerende tentakels zich de stenen toegeëigend, de wurggreep van een koppotige octopus. Samen liggen ze nu verstrengeld in de buik van dit aardgewelf.

Vanuit mijn buikpotige positie richt ik me op en

schuif in een zittende houding. Meer durf ik niet. Het licht van de zaklamp is mijn voelspriet, ik laat hem over de ruimte gaan. Recht voor me verdwijnt het licht. Het is wel goed, voorlopig blijf ik hier. Ik kan ze tellen, de wortels. Tellen helpt, ik begin met de linkerwand.

Dat is wat Werner zei, afgelopen najaar. We stonden naast elkaar aan mijn aanrecht, onze hoofden gebogen over twee volmaakte helften pompoen. Ik had de vrucht meegenomen en doorgesneden om de zetting van het zaad te onderzoeken. Op het snijvlak transpireerde het vruchtvlees kleine druppeltjes wondvocht. Werner begon de zaden die ik eruit lepelde te rangschikken en daarna te tellen, hardop. Ik grinnikte. Verstoord stelde hij vast dat ik kennelijk wel wist hoeveel zaden een gemiddelde pompoen bezat. Eigenlijk niet, bekende ik, wat gezien mijn beroep een twijfelachtige bekentenis was. Maar zaad winnen en schonen deed ik niet zelf. Daar hadden we tegenwoordig machines voor. Hij vertelde dat hij telde wanneer hij zich slecht voelde. Uilen in een boom, paperclips in hun doosje, woorden van zijn artikel. Het zijn de feiten die houvast bieden. Je kunt er niet omheen. Daarbuiten is zo'n beetje alles onbetrouwbaar.

'Zevenenzestig,' eindigde hij. We keken naar de zandkleurige platte ellipsen op het keukenpapier. Het wende nooit. De hoeveelheid die een enkele vrucht aan voortplantingspotentieel bezat, of je die nu precies kende of niet. We zagen sla nooit bloeien, aten haar lang ervoor, de zelfredzaamheid van groente werd daarom eenvoudig vergeten. Terwijl dit eeuwenlang een heel alledaags gegeven was onder boeren. Zij oogstten om te eten en lieten daarnaast een klein aantal planten achter op het land om te bloeien en zaad te zetten. Dat was al zo'n zeventig jaar niet meer het geval. De groene revolutie had ons veel gebracht. Kunstmest, machines, voedsel in overvloed en versnippering van taken. Boeren oogstten enkel nog voedselgewassen, de zaadteelt besteedden ze uit. Aan ons, mijn collega's en ik veredelden en professionaliseerden de gewassen en hun zaad. Bewaarbaarheid, kwantiteit en transporteerbaarheid werden prioriteit. We distribueerden efficiënter, globaliseerden, zorgden er met andere woorden voor dat de akkers wereldwijd uniformer werden en men minder honger leed. In theorie dan, want in de praktijk steeg het aantal nieuwe monden en verdeelde rijkdom zich standaard ongelijk.

Misschien telde ik inderdaad te weinig.

Ik tel en de tijd komt tot rust. Vergeten wat ik hier kwam doen, dus ik tel, laat het licht verder langs de wand glijden. De bundel lijkt dunner, maar straks weet ik hoeveel. Misschien zal het licht doven, de duisternis vreet het hap voor hap weg. Maar als ik de tel kwijtraak, begin ik gewoon opnieuw. Ik adem een grote teug lucht in door mijn open mond, het voelt koel en vochtig tegen mijn gehemelte. Misschien kan ik ook eigenlijk wel zonder. Ik knip de lamp uit. Het duister weegt zwaarder dan ikzelf.

Er zijn twee soorten ecologen, vervolgde Werner: de tellers en de voorspellers. De tellers, zoals hijzelf, bestonden het langst. De ecologie was in aanvang een puur beschrijvende wetenschap en nog steeds worden er gewoon spinnen, vogels of grassoorten geteld. Tellen, vergelijken en dan concluderen, in die volgorde. Bepalen of er al dan niet een trend is.

Vanaf de jaren vijftig van de vorige eeuw ontstond er een tweede groep, de theoretici. Zij trokken niet in regenlaarzen en met brokkelig Spaans het oerwoud in, op zoek naar endemische reptielen op verafgelegen eilanden. Droog en schoon achter hun computers, flirtten ze met de wiskunde. Ze hadden formules, ze abstraheerden de natuur. Vanaf hun bureaustoel contempleerden ze over hetzelfde reptiel als de tellende ecoloog, maar hoefden hem nooit te ontmoeten. Tellen vonden ze archaïsch. Ze wilden voorspellen, overtuigd als ze waren dat er in de samenstelling en verspreiding van soorten een patroon te herkennen was. Ze wilden geen incidenten maar universaliteit. Ze wilden de wet van de schepping.

Een geweldig aantrekkelijk idee, nogal menselijk ook, zowel die wet als de schepping. Maar systemen of theorieën, de bouwwerken die we met getallen bouwen, zijn eeuwige benaderingen. Als een boemerang draait hun voorspellende kracht honderdtachtig graden, slaat je in het gezicht en voor je het weet dicteert ze je waarneming. Dan komt het punt dat we de formule meer vertrouwen dan onze ogen, we masseren net zo lang totdat alles in dat wonderschone, kloppende universum past. De suggestie van een patroon is ongelofelijk verleidelijk bovendien. Meer dan alles wil ons brein verbanden zien. Daarom, vond Werner, moest je ieder patroon met argwaan tegemoet treden. Wat niet betekende dat we het niet moesten proberen, natuurlijk. Liever Sisyphus zijn dan de steen. Maar het was eerlijker om gewoon spinnen te tellen.

Ik knip de zaklamp weer aan. De straal, zwakker dan net, is weinig hoopgevend. Ik begin weer vanaf het begin. De getallen kalmeren, het licht bouwt af. Boven de honderd, ik fluister, vier lettergrepen per keer. Niet vergeten, wat kwam ik hier doen? Ik knijp met mijn ogen. Een voor een laat ik de getallen gaan, ze wervelen op de adem van de aarde naar boven.

21

Honderdvierennegentig. Maar dat is een gok. Ik kijk in de kop van de zaklamp, het gele pitje dooft. Weer verdwijn ik direct. Paniek. Donker, alsof het nooit licht is geweest, alsof zoiets nooit bestond, een wensgedachte. Alles kan me besluipen, zelfs een muur voor rugdekking ontbreekt. Op mijn billen schuif ik naar achteren, weer op zoek naar een rand, maar beweging desoriënteert alleen maar meer, ik stop. Hier blijven. Mijn hand rust op de aarde. Die is er nog. De aarde, op wie ik zit, die draagt. Ademhalen.

Op een dag was oom Filip verdwenen. Ik stond in de schuur te figuurzagen, toen mijn vader het me vertelde. Verdwenen? Nou ja, zei mijn vader, ze konden hem niet vinden. Mensen raakten toch niet zomaar kwijt? Het loopt niet altijd goed af, antwoordde hij.

Mijn oom die alles kon – natuurlijk kon hij ook verdwijnen.

Maar iets in mij gaf niet mee. Door zijn verdwijning was hij er namelijk meer dan ooit. Ik stelde me voor hoe hij in een van zijn vele verhalen was gaan wonen, dat hij ineens opdook als een nieuwe figurant wanneer ik mijzelf over het dwerghert vertelde. En als hij zoveel kon, kon hij dan niet zelfs het verdwijnen overstijgen? Bij godsdienstles had ik vorig jaar een plaatje ingekleurd van Jezus die naar de hemel voer: een wolk met twee voeten. Maar dat was Jezus, op hem was niet voor niets een wereldgodsdienst gebaseerd.

Ik manoeuvreer het schuifje van de zaklamp een paar keer heen en weer en druk het ten slotte zo hard mogelijk naar boven. Mijn duim doet pijn, maar licht blijft uit.

Vroeger stopten ze zenuwzieke mensen in het donker. Ik draai aan de warme kop van de zaklantaarn. Omdat het donker heilzaam zou zijn, voor die zieken, maar wisten zij veel. Ziekte is een vorm van voorvertering. Zoals meeldauw op een courgetteplant in het najaar. Die plant, boordevol moeilijk verteerbare cellulose, wordt door de meeldauwschimmel enkel voorgekauwd. Een voorbereiding op het verteren van het stugge blad. De kop laat los, de batterijen vallen op de grond. Ik vloek en zoek tastend de vloer af.

Toen ik eens vastgegespt een MRI-scan onderging, in een buis die niet veel groter was dan ikzelf, sloot ik in een reflex mijn ogen. Dacht dat ik zo overal kon zijn, stelde mij het strand voor, een flikkerend zomerbos, een lichaam dat me omhelsde, mijn bed. In een tweede poging voegde ik details toe: het geluid van golven, de geur van dat bos, een glimlach, het gewicht van een dekbed. Niets hielp.

Eindelijk vind ik de batterijen, hun oppervlak is ruw en ongelijkmatig, geoxideerde troep. Over de kooi van de kanarie wordt een handdoek gelegd: zo stopt zijn fluiten, zo dempt mijn denken. Ik sluit mijn ogen.

De boom maalt niet werkelijk om het zoete vruchtvlees van zijn appel, niet om het blanke fruit, het olijke kuiltje met het steeltje dat naar je wenkt, de blos, de ronding, hoe perfect hij past in je hand, het kattensnorretje aan de onderkant. De vrucht is er om je te verleiden tot het eten van de appel, met huid en zaad. Verspreiding, dat is de hoofdzaak.

De zachte berk verleidt niet. Zijn berkenzaadjes hangen met vele tientallen tegelijk onrijp opgeregen aan een enkele draad, de boom vol vrolijke gele rupsen. Eenmaal rijp geeft de berk zijn okerkleurige, zwaluwvormige zaad in vol vertrouwen mee aan de wind. Het verspreidt zich als saharazand, hecht zich aan vachten, struiken, je sokken, de mat.

Zaden slapen. Onder een stugge zaadhuid wacht de kiem op het juiste moment. Al die tijd ademt het heel zacht door. De machtigste overeenkomst tussen alles wat leeft is opeenvolging. We transformeren. Nooit keren we terug naar ons ongeschonden kinderlijf. Nooit valt de kiem opnieuw in slaap.

Het ontwaakte zaad zwelt op door water, barst uit zijn stugge zaadhuid. Alles wat volgt gebeurt op reservekracht, meegegeven door de moederplant – een gebrekkige term die vooral ons halfslachtige wereldbeeld verraadt. Want veel planten zijn hermafrodiet, bevruchten soms zelfs zichzelf, zoals erwten en tomaten. De meegegeven energie duurt een zaadje lang, de plant moet al snel zichzelf voorzien. Na de zoekende wortel vouwen dikke kiembladeren open aan een haast doorzichtige steel en zodra ze groen kleuren, soms nog half verstopt in resten bruine zaadhuid, begint de fotosynthese. Een knikkerbaan van reacties, aangezwengeld door licht. Licht maakt van de plant een alchemist.

We denken niet dagelijks aan fotosynthese. Had het een geluid, dan zou alles anders zijn. Bij de eerste grijze lichtstralen zou een zacht gemurmel ontstaan. De bomen die uittorenen boven iedereen zetten hun bladgroenkorrels in werking. De groene pomp begint, koolstofdioxide komt het blad binnen en zuurstof treedt eruit, al die bladeren ademen. Zachte klikjes klinken, van het breken en herschikken van moleculen. Zoevend worden suikers naar groeipunten verscheept. Terwijl het licht aan kracht wint, de zon steeds hoger stijgt, zal het gemurmel en geklik plaatsmaken voor een bescheiden, meerstemmig gesuis, want ook struiken en kleine bomen vangen aan, ook hun bladgroenkorrels vangen licht en assimileren moleculen. Breken, husselen, bouwen, verschepen. De aarde raakt op drift, het ademen klinkt steeds luider. En dan, terwijl de zon op weg is naar zijn zenit, zullen het gras, de kruiden en de landbouwgewassen beginnen te zingen, hoog en harmonieus. Ze zullen de insecten overstemmen, de vrachtwagens, fabrieken en vliegtuigen, ze vormen een aaneengesloten tapijt van geluid. Hun synthese is scherp en snel, zij hebben niet meer dan een seizoen de tijd om te komen tot een finale, tot zaad. Een koor van alchemistisch groen dat uit het schijnbare niets, uit gas en licht, stof maakt. Tot de zon, voorbij zijn hoogtepunt, langzaam zakt en eerst de lage kruiden, dan de struiken en uiteindelijk de bomen hun adem inhouden en hun zingen staken. Met de nacht verstilt de aarde, tijdelijk.

Ik ruik iets, het is de geur van bosgrond. Ik open mijn ogen. Vanachter mijn gesloten oogleden was het zojuist donkerder. De ruimte lijkt heel zwak verlicht, maar dat is niet het juiste woord. De ruimte zélf licht op, licht dat aanzwelt en dempt als de ademhaling van een slapend dier.

Ik sta op.

Het zijn niet de wortels, die lopen onveranderd donker dwars door het oplichtende raamwerk. Het gebeurt tussen het zwart, ik zie andere banen met de dikte van een pols. Het wit pulserende licht vertakt in steeds dunnere banen, van potlooddikte tot niet meer dan een enkele haar, ontelbare witte lijntjes die zich als miniatuurbliksemschichten eindeloos vertakken.

In de uiterste vertakkingen wordt het steeds groener, gifgroen in de punten. Soms lopen ze een stuk gelijk op en vormen dan een nieuwe bundel, daarna woekeren ze weer uit tot ze individueel steeds dunner en uiteindelijk onzichtbaar worden. Ik beweeg richting de wand en buig dichterbij. Een dikke baan op ooghoogte dimt als een stervende lantarenpaal. Ik steek mijn hand uit maar voel geen warmte. Het gloeien is zo prachtig onaards, ik zou er deel van willen zijn. Maar ik kan enkel kijken naar het binnenste van dit aardedier. Dit schimmelwezen is haar zenuwstelsel. Met mijn hoofd in de nek staar ik naar boven, naar een denkbeeldige hemel, omdat dit is hoe ik me het noorderlicht voorstel. Maar het is daarboven zwart als norit. Alleen om mij heen gloeit het. Ik aarzel. Zo dichtbij was ik nog nooit.

In de volle week dat ze hem zochten, versplinterde oom Filip in duizend stukjes, dook op in verhalen en herinneringen. Maar over iedere splinter hing de zweem van zijn verdwijning. Hij was zijn eclips geworden, de rest was weggevaagd.

Verhalen waren eindelijk aantoonbaar onbetrouwbaar. Voortaan concentreerde ik me op de fysieke wereld. Tandeloos werd ik groot.

Liggend op mijn rug kijk ik naar de lichtshow. Ergens wil ik geloven dat het zijn levenswerk is, dat hij verderop aan de knoppen van een apparaat staat te draaien. Maar wat hij zocht, valt nauwelijks te reconstrueren. Er zijn stukjes elektriciteitsdraad, moeren en bouten, een half gerenoveerd huisje, printplaten waar niemand iets van snapt. Nadat ze hem hadden gevonden, was het verhaal verteld.

Hier blijven is zinloos, ik sta op, zet een paar passen en er gebeurt wat ik niet voor mogelijk houd: het gloeien beweegt met me mee. Ik ben het zelf die dit spektakel uitlokt. Een paar passen achter mij dooft het schijnsel. Ik loop door, langs de gloeiende wand. Engtevrees vergeten. Ik strek mijn hand, maar raak de wand niet.

Eindeloos lang geleden stootte ik een klasgenootje aan. Luid zingend fixeerde ze Sinterklaas die voor ons op het podium zat. Straks ging hij onze namen oplezen, cadeaus uitdelen. Dat is mijn oom Filips, en ik wees naar de zijkant van het podium, naar de rug van de man die ons op de piano begeleidde.

De wand stopt alsnog abrupt. Dat van die sterkedierenboter, hoe zat dat nou?

Ik voel zijn glimlach in mijn buik.

Dit kan niet. Niet alleen de wand stopt, ook de bodem verdwijnt voor mijn voeten. Een zinkgat, dat niets met niets verbindt. Maar zelfs een gat heeft een rand, ik zak op mijn knieën. Aan de overkant kronkelt iets. Ik tuur, het zijn wormen, die traag ieder uit hun gaatje wriemelen. Ik strek me uit op mijn buik om dichterbij te komen. Er klinkt gemurmel.

22

Waarom, als ze ogen hebben, kijken ze niet? Ze kijken niet, ze zien. Waarom, als ze benen hebben, gaan ze niet? Ze staan, ze stagneren.

Ik vouw een vuist onder mijn kin. Andere mensen zien een poedel in de duivel veranderen, vergaren daarna allerhande wijsheid. Een poedel is een intelligent, gewerveld dier. Net als de duivel, daar mag je tenminste wel van uitgaan. De weekdiertjes glijden over elkaar, buik aan buik over rug, mond en aars. Plots huiveren ze, hun kopdelen buigen verstoord mijn kant op en hun lijfjes, die zich net nog gespierd een weg omhoogwrongen, trillen alsof ze oog in oog staan met een fletse lentemerel.

Wat, luistert-ie? Die bovenaardse zoolganger? Eens geboren beginnen ze meteen warm te rotten.

Vergeten wat ik kwam doen. Ik vraag me af waar zij heen gaan.

Wij stellen geen vragen, wij stellen ons voor:
de vorm is worm, de vorm volstaat
de worm is vorm, de worm is waar
wij eten je dood
je wordt wat je weet

Er volgt knarsend gegrinnik. De woorden vervliegen direct. Ik zou het nogmaals willen horen.

Die denkt dat het ons iets kan schelen. Dat gelamenteer, dat vergeten. Zeg Dombo, je verwart je eigen odyssee met de onze. Trouwens, wat weten wij van de zee? Wat we kennen: stijgend welwater, verzadigde klei, de film van gelei rond ons lijf om te glijden, het zachte van onszelf – rijmelarij, we dwalen af.

Ze lubriceren elkaar en de wanden met hun vettige lijfjes, glijden heel geleidelijk omhoog, de vele segmentjes krommen.

Het bevalt me hier wel, zo kaderloos. Ik denk dat ik hier hoor.

Wat bedoelt-ie, de aansteller. Iedereen wil omhoog! Al moet gezegd dat het makkelijker is te weifelen bij zoveel weten, wij weifelen zoveel beter. De maan bijvoorbeeld, waant die zich standaard vol? Ziet zij de aarde

soms halfvol? Kijk, daar zijn wij dus heel filosofisch in.
Ben je er nog? Wie zwijgt slaan we over

Vertel me over jullie oorsprong.

In de winter wintersliepen wij, diep in de grond gemord, waar het donker wormt, zwart grommend dromt, waar het stomme lonkt en –

Toen wat?

Merkwaardig, hoe die ons in de rede valt.

Ze knerpen verongelijkt, een woordenbrij als aaneengekitte brokjes aarde. Dan verheft er één zijn stem:

Afijn. Zoals dat gaat, lente wekte ons uit onze stervensslaap en lokte ons naar boven. Want bijna is ze vol, gezegend zij onze wormmaan! Nu ken je ons grootste gebrek en dito verlangen. De beweging verklaard, tevreden? Al is die vraag van geen waarde voor jou, weigeraar van leven, je weigert weerstandig het lege, weigert lustig het wegen, je ontkent maar bent de ander om het even.
Slaap je wel goed?

Ik stel me voor hoe deze onfortuinlijk maanzieke diertjes, wachtend in diepere aardlagen, gewekt door het dooien van de grond, massaal omhoogkruipen, glibberend door zelf gegeten gangen, omhooggestuwd door de borrelend warme lentegrond, en hoe ze boven aangekomen, brandend van verlangen, met hun weke kopdelen tegen de onderkant van grindtegels en asfalt botsen.

Dit is irrationeel.

Wat een pretentie. Wolharig mollemens, vierpotig labiel. Zo graag wil je je ziel verpatsen. Pech, wij hoeven 'm niet, wij talen er niet naar – taal die, tussen twee haakjes, niet door ons is gemaakt – je doet er maar mee wat je wilt. Wij stellen ons voor: wormmaan, dat maak je misschien maar één keer mee!

Kunnen we niet allemaal gewoon even hier blijven?

Stilstand is sterven en sterven, dat kan altijd nog. De lente is wreed, zij wacht op niemand. Meegaan vergt moed, zo kijken wij ertegenaan en daarom reizen wij naar boven, naar de machtigste aller rotsen, de bekoorlijkste aller moedergesteentes. In onze magen dragen we een offerande van aarde, voor haar – halleluja de worm is waar! Wormmaan zal ons regenereren. Nou schuif eens op, struikelblok, we hebben haast.

De wormen, diabolisch goedgezind, met hun hapklare monden, leven niet van het minerale. Juist de dode planten die de aarde maken tot wat ze is, die dikke koolzwarte massa, verteren ze en die planten, die verlangen licht. Alles is verknoopt. Sterft de boom, dan sterft zijn schimmel. Sterft de schimmel, dan sterft de boom. Alleen de maan, die is van steen, zij draagt geen huid van aarde.

Wat ik eerder niet zag is dat de drie allesbehalve alleen zijn. Boven en onder hen krioelt het, uit kleine gaatjes steekt een lillend stukje lichaam, soms ligt zo'n gang helemaal open en zie ik nog net een stukje huid verdwijnen. In een holletje wriemelt een kluwen. Maar allemaal bewegen ze min of meer vanuit het zinkgat omhoog. Een exodus van wormen. Nog nooit zag ik er zoveel, de naaktheid van die lijven en hun aantal beneemt me de adem. Hoe ze zich enkel bewegen door aarde te eten en te poepen, alsof ze niet meer dan mond, darm en aars zijn. Allemaal eender, en ik realiseer me dat wormen hermafrodiet zijn, maar vergt het beide geslachten in een wezen om tot eenheid te komen?

De worm is waar! Je wordt wat je weet! Uiteraard is onze aard onweerlegbaar de enige ware. Wil je dan een worm onder wormen zijn? Dat wij je redden?

Niemand hoeft mij te redden!

Wie is niemand? Kennen wij hem?

Waarom is niemand 'hem'? Ik. Ik red mezelf wel. Het komt door de context, die ben ik kwijt. Ja, jullie hebben taal niet bedacht. Makkelijk praten, met jullie gelijkwaardige, hermafrodiete lijven. Jullie vreten een gat en vullen het met jezelf. Ik zal jullie iets uitleggen, over ‘hem’. Daar heb je er boven grofweg twee van: de Onvriendelijke Man is eenvoudig te hanteren, wij negeren elkaar. Het is de Vriendelijke Man voor wie ik bang ben. Hij kijkt, maar kan me niet plaatsen: ziet hij een enigma, een bedrieger, een fout? Het afwijkende doet je twijfelen aan jezelf. Dat is voor niemand prettig. Want buiten onszelf hebben we helemaal niets en dat is al erg genoeg. Dit gaat niet over identiteit, hoogstens over de ontmanteling ervan. Dit gaat over hoe je een steen wordt, van onweerlegbare vorm. Immuun voor blikken en stemmen. Maar ik verbeeld me niets, jullie vinden me vast en zeker in de war.

Feitelijk hebben de wormen maar met een half oor geluisterd, hun aandacht is vooral gericht op de gang naar boven die nog gegeten moet worden. De maan is ook niet eeuwig worm, de tijd dringt. Een van hen draait zijn kopstuk:

Vergeet ’t, spraakwaterval met je vreemdvormige abstracties. Of is je relaas niet aan ons, maar aan hém geadresseerd?

Ineens verlang ik naar bovenaards opgewekte pimpelmezen, het schudden van de veren, het geluid dat dat schudden maakt, het haastig links-rechts-links slijpen van de snavel aan een tak, het hakkende geroep en dan prrrrt, hoe ze wegvliegen, ineens.

Ik keer het gat en de wormen de rug toe. In gedachten ontrolt zich de weg terug. Door zwak schimmellicht begeleid, dwaal ik richting het eerste gat, de armen vooruitgestoken als een blindeman. Na een aantal stappen maai ik in het luchtledige, hier ongeveer moet het zijn. Nog een paar stappen, hier dan misschien. Onbetrouwbaar geheugen. Toch meer naar links, ik wapper, mijn vingers als tactiele voelsprieten. Maar lucht is een slechte gids. Ik knijp met mijn ogen en span me in, zie niets. Altijd zo eigenwijs, zelfs de hulp van rechtmatige bewoners wimpel ik af. En nu kan ik het wel vergeten. Hier is niemand. Het donker maakt duizelig. Als ik mijn gevoel voor zwaartekracht verlies, worden ook boven en onder inwisselbaar. Ik stamp een paar keer. Gelukkig, een houvast. Naar rechts dan, ik stommel verder. Eindelijk is er iets te zien. Een verticale massa, de muur, ik nader en tast met beide handen. Maar dit is geen metselwerk. Dit is graniet, kil en oneffen. Mijn vingers voelen het ruwe oppervlak. Graniet om je wang tegenaan te leggen. Kaal, zonder sponsige huid van algen en mos. Alomtegenwoordig massief. Niet het gat vergeten. Met mijn oor ertegen luister ik naar levenloos niets. De wand resoneert in mijn buik of andersom. Ik staar omhoog. Er komt geen einde aan, ergens ver boven mij verdwijnt de wand in het donker. Wat wil ze van me? Mijn oorschelp wordt vochtig, ik wrijf hem droog. Goedkope metaforiek. Met gebalde vuist bons ik, eenmaal. Dat ik opgeef. Want zo onbenullig heb ik mezelf opgesloten. Hier valt niets te vinden, dat had oom Filip al bewezen. Het opwoelen en graven gedoemd tot vastlopen. Geef mij een muur en ik schoffel mezelf wel onderuit. Ze wil dat ik opgeef, dat ik mijzelf verward verklaar.

Erg wollig allemaal – ja, ik ben er nog, sist de vrouw die ik nooit werd. Je dacht toch niet echt dat je van me af was?

Nee, denk ik gelaten, niet echt, en dat ik een pikhouweel mee had moeten nemen. Alleen brute kracht kan me hieruit verlossen. Kappen met diplomatie, oorlog verklaren.

Want ik laat jou nooit in de steek. Even tussendoor: wanneer ga je je nou eindelijk eens tot de levenden verhouden?

23

Het grijs van de ochtendschemer maakte het tentenkamp nauwelijks onderscheidbaar van de bouwvallige huizen, de bomen, de rotsen. Af en toe kreunde de jongen, de stiltes ertussen waren volmaakt. Tot het onbepaalde moment dat de dingen kleur herkregen en enkele vogels aarzelend begonnen te fluiten. Aangemoedigd door de zon die zijn stralen tussen de boomstammen schoot, zwol hun gekwetter aan. Op weg naar boven trok de zon achteloos het nachtvocht uit de dag. De mensen sliepen, of deden alsof.

Wij werden ongeduldig, vonden dit geen moment om af te wachten. Niet de kop in het zand steken, maar de nieuwe wereld in al haar verwarrende veelheid bezweren: dat was hun taak en de precieze invulling ervan liet ons eigenlijk koud. Er moest simpelweg iets gebeuren, al was het maar omdat het morren van sommigen onder ons aanzwol. Ra leek inderdaad gered, stelden de directe voorouders van Fern vast, maar dat kon van de jongen nog niet worden gezegd. Ze vroegen zich af waarom ze ooit met dit onzalige plan hadden ingestemd. Bij iedere kreun groeide hun wrevel. Bij nadere beschouwing, was hun trouwens wel iets gevraagd? Wacht, zeiden wij, wisten ze wel dat het hielp als je op elkaar leek, dat je elkaar dan beter begreep – juist wanneer het gedeeld lijden of een gedeelde vijand betrof? Dit was wat gelijkgezinden deden: die hielden elkaar de hand boven het hoofd. De jongen was ontmand, maar aan hun geliefde Moedersteen hadden altijd al stukken ontbroken. Zij was nooit héél begonnen. Haar omtrek bestond uit breuklijnen en verraadde dat zij voortkwam uit groter gesteente. Snapten ze dat er geen betere bondgenoot was om op te lijken? Een kwestie van tijd, bovendien, totdat iemand haar liet vallen. Want niet sterven, maar desintegreren was haar voorland. Eerst in twee helften, dan in brokken, van keien naar duizenden steentjes tot grind, daarna verpulveren en ten slotte veraarden, verenigen met de aardkorst en de wormen. Fern zou ontwaken, heus, en dan wachtte hem alle glorie die hem in zijn ontbrekende staat toekwam. Misschien draafden we door. Want desintegreren, gromden Ferns voorouders, dat klonk als een duur woord voor amputeren. Wat zouden ze hierna doen, een voor een zijn tenen afzetten?

Nog voor wij konden reageren – onze eendracht had al met al niet lang geduurd – sloegen er eindelijk tentdoeken open. De mensen kropen naar buiten, deden hun behoefte verderop, haalden water, stookten vuur. Katerig ontweken ze elkaars blikken. De dag ontspon, een opeenvolging van onbeduidendheden en afmattende hitte, culminerend in de avond. De zon was niet gewenst bij wat er stond te gebeuren. Zijn licht werd brozer, vocht steeg op uit de aarde. Men trok naar de woeste vlakte waar de toekomstige velden waren gepland. Daar aangekomen maakten ze vuur en vonden elkaar in een gebed.

Dankbaar waren ze dat we waren meegekomen – wij knikten –, hoe we altijd over hen waakten – natuurlijk –, zorgden voor overvloed en goede aarde, dat ze tegelijkertijd ook wel begrepen dat we eigenlijk dáár hoorden – we keken –, over het water, in het oude land, maar dat ze ons hier nodig hadden, meer dan ooit omdat het eiland met zijn nieuwe aarde om onze zegen vroeg – we aarzelden – en dat ze daarom onze schedels –

De trance verbrak. Gestopt met luisteren, zagen we hoe schedels uit zakken werden gehaald. We herkenden enkele van de vrouwen aan wie ze hadden behoord. Wij, ook hun voormalige draagsters, zwegen. Deze schedels hadden eens ons gezicht gedragen, we hadden ermee gekeken, gegeten en geliefkoosd. De gaten hadden verborgen gelegen onder huid, haar en lippen waren gekust en gestreeld, ook op het laatst. Niet vergeten, we waren ooit mens geweest. Maar dat was niet waarom we schrokken.

De Moedersteen bromde iets. Als gewoonlijk bezat ze triomfantelijk het midden. Ze deed inmiddels of haar neus bloedde, maar wij waren niet vergeten hoe bang ze was geweest. Niet voor de zee want als ze zonk, redeneerde de stenen matriarch, dan zat ze dat ook wel weer uit. Het lukraak bewegen van aardschollen of water zou haar vroeg of laat een kant op duwen. Waar ze bang voor was geweest was dat de mensen andere stenen zouden vinden. Niet banaal vuursteen, dat had je overal. Maar heerszuchtig zwart obsidiaan bijvoorbeeld, of rood gekleurd schijnheilig hematiet, goedkoop glimmend mica dat het licht imiteerde of serpentijn, met zijn ziekelijk groene waas. Afgoden waren het, die de ijdelheid van haar mensen voedden. Hoe ze zich ermee behingen en versierden als dwazen. Het leidde af, van haar. Was allemaal niet gebeurd, wij konden haar opluchting haast ruiken. Het eiland bezat niets, enkel losse aarde en amorfe rotsen, wat dolomiet en rode oker. Dat de mensen geen andere stenen nodig hadden dan haarzelf, wist ze nu zeker. Ze scharrelden wat met botten en schelpen, knechtten de jongen, verzonnen dit nieuwe ritueel. Aan haar hadden ze geen spat veranderd, haar hoorde je niet klagen. Ze moedigde hen aan.

Onze schedels werden doorgegeven en gekust en nu werd overduidelijk zichtbaar dat we glanzende ogen hadden herkregen, amandelvormige kaurischelpen, met een glimmende, porseleinen schaal en een fijne tekening. De gekartelde lijnvormige opening deed denken aan die van een vrouw, het zwart erachter vaag aan een pupil. Met veel geduld en wat klei had men de schelpen in de holle oogkassen gelegd. Puilende dodemansogen. De betrapper betrapt, we hadden nooit verbaasd moeten zijn. Zelfs ons probeerden ze te vormen.

Tijdens het doorgeven bad men om overvloed en zegen. De schemering werd nacht, fakkels werden aangestoken. De mensen zongen, hun lage stemmen stegen op. De Waker humde, stond op uit zijn hurkzit en gaf Ra de houten kom die hij al die tijd bij zich had gehouden. Erin lagen twee nattige hoopjes, niet groter dan een noot. Ra keek om zich heen, zocht tevergeefs naar Fern en zijn moeder.

Wat er hierna zou gebeuren, liet zich makkelijker raden. Er was vanmiddag al een grafput gegraven, ingelegd met een rand van stenen, op de bodem rood okerpoeder. Ra, middenmens, zou de kom daar begraven, samen met onze schedels met hun ingelegde ogen. Die kunstogen zouden uitkijken over de nog aan te leggen velden, in de richting van het oude land. Ze veronderstelden dat we zouden waken over de aarde en hun oogst. Onder onze vorsende blik zouden de gewassen zich overvloedig vormen, ons starre kijken hield hen in het gareel, dat is wat ze dachten. Voor het eerst zouden onze schedels niet onder hun huizen rustten. Een groter offer was niet eerder gebracht. Morgen begon de aanleg van de nieuwe velden. Struikgewas en kleine bomen rooien, grote keien rapen, stapelen tot muurtjes en aarde effenen. Daarna zouden ze eindelijk hun wintergranen zaaien. De onmetelijkheid bedwongen, de werkelijkheid andermaal geduid. Ach, waar moesten we beginnen. We keken naar het zingen en dansen. Als het hier kon eindigen.

Laten we even recapituleren – je bent het misschien vergeten –, maar we hadden je iets beloofd. Het zou ook over jou gaan, weet je nog? Je hoeft het niet hardop te zeggen, we horen je glashelder: goed dat we erover beginnen, want je hebt je geen moment in haar herkend. Of hem. Of soit, in Ra.

Mea culpa. Waarschijnlijk heb je ons al die tijd overschat. Eigenlijk zijn wij maar eenvoudige lieden. We bedoelden het al die tijd veel concreter. Deze Ra, deze mensen, zijn letterlijk je voorgeslacht. Alles wat jij bent, komt voort uit hen. Waarom we dat dan niet meteen hadden gezegd, vraag je je vast af, maar je weet hoe het brein werkt: de omwegen die het zelf bewandelt, beklijven het best.

Iets anders. Het ging ons niet om het verhaal maar om het mechanisme, herinner je je dat? We hadden ervoor kunnen kiezen nog verder terug te gaan, naar hoe we voor het eerst vuur bedwongen, werktuigen bedachten, taal. Maar getemd leven, iets zo ogenschijnlijk grillig en goddelijk tegelijk, maakt overduidelijk de meeste indruk. Lukt het met een schaap, dan breidt de domesticeerkunst zich uit als een olievlek.

Het is besmettelijk. Jullie zijn eraan verslaafd geraakt, temden stenen, regen, de waarheid, elkaar. Kenmerk van een eersteklasverslaving, tussen twee haakjes, is blinde ontkenning.

Als we je vertrouwen onderweg zijn verloren – daarvoor hebben we begrip, onder ons bevinden zich eigenwijzere en minder welwillende zielen dan jij –, onthoud dan enkel dit: dat iets werkt maakt het niet waar. Dat het kan maakt het niet juist. Dat het past betekent niet dat het klopt. Dat het zingt verandert niets aan tekst. Dat je iets hervormt maakt het nog niet van jou en dat je iets vindt – nou en.

Natuurlijk duimden wij ook dat Fern zou ontwaken. Want het kind zou hem bevallen. Hij zou zichzelf erin herkennen, niet enkel in de breuken, soms zelfs in het hele. De drie zouden het kind koesteren, het zorgvuldig bakeren in verhalen. Oude en nieuwe, zoals de mensen verhalen sponnen, met wortels en een steel. De kiem nog zacht, maar onveranderlijk gericht naar boven.

24

Wanneer ik me tot de levenden ga verhouden, de ironie van haar opmerking ontgaat me niet. Achter mij het zinkgat met de wormen en hun doel, hier het donker dat ophoudt bij het graniet. Er roert zich iets, de aarde houdt haar adem in. Kilte kruipt via mijn koude voeten naar boven. Ik laat mijn tastende vingers over het graniet wegdwalen. Hoelang hou je dwaasheid vol? Dan gaan mijn vingers een hoek om. Ik zet een stap opzij en loop moeiteloos voorbij de wand.

Niet omkijken, denk ik, lopen. Laat mij alleen naar boven gaan. Blijf jij maar hier. Het wortelgewelf komt me kleiner voor, bijna alledaags. Daar is het gat, ik kruip. Het plafond nadert mijn kruin, ik buk en zak even later door mijn knieën, tijger door het stof, stoot weer mijn kop aan de buizen, wurm mezelf richting het zonvormige gat in de muur, steek mijn hoofd erdoorheen.

Halverwege de trap naar boven hoor ik gerommel. Ik zwaai de kelderdeur open.

Ze zit op de keukentafel, naast de steen. Het ene been sierlijk over het andere geslagen, de handen op de rand, haar kapsel ongeschonden. Ze verwacht me, kennelijk.

Er is geen vrouw trouwer dan ik, zegt zij die ik nooit werd. Kwam het erop aan, dan volgde ik je naar de hel en terug. Ik heb het je al zo vaak gezegd, wij zijn voorbij de dood verbonden met elkaar. Trouwens, een kelder is geen plek voor een dame. Ze herschikt iets aan haar rotsvaste kapsel. Je lijkt verbaasd. Wat had je dan verwacht?

Een keuken gevuld met mijn gekozen bannelingen, denk ik. Het laatste dwerghertje daar bij de keukendeur, de ogen alert en opengesperd, de Floresmens ernaast met haar handje op het gebolde ruggetje, de steen bezadigd op tafel en oom Filip met een soldeerbout in zijn hand, ergens. En nou ik toch bezig ben: het dwergolifantje dat vanuit de woonkamer binnen stommelt en buiten het gebalk van verwilderde ezels en ik zou zeggen dat ik het fijn vond dat ze er waren, allemaal. Want wij, wetteloze giganten, dwergen en verwilderden, zouden elkaar de hand boven het hoofd houden.

Dit bedoel ik, zegt de vrouw die ik nooit werd. Je zou hardop tegen je schimmen praten. Je mocht zoeken, ik liet je, en wat vond je? Bewijs geleverd, je bent in de war.

Ik maak me los van haar borende blik en loop naar

de vensterbank. De gezwollen zaden hebben zichzelf naar boven gedrukt, als blanke knikkers liggen ze in de verzadigde potgrond. Ik buig voorover, maar er barsten geen zaadhuiden, eronder is niet het ontvankelijke kiemgroen te zien, noch het ontrollen van de steel of het strekken van de nerven. Het zaaisel is nog diep in sluimerslaap verwikkeld. Ik ben er bijna, fluister ik. Wanneer jullie nazaten wild zijn, zal iedereen eindelijk de denkfout snappen. Wat ik had verwacht: een eeuwige waarheid, een die mij zal transformeren, en dat is nog maar het begin, want liever Sisyphus zijn dan –

Je liegt! Ze snerpt erdoorheen, draait zich om naar de steen. Ze liegt, wat ze wil is zijn als jij, ze zegt het spottend en aait zijn kruin. Of minstens zijn als allebei. Ze zal beginnen over de armoedigheid van dualiteiten. Ik ken haar een beetje, ze knikt in mijn richting en beweegt een hand in een cirkelbeweging, die houdt nooit op.

Iemand grinnikt. Een kinderstem, ik draai me om naar het keldergat.

Weet je wat jij nodig hebt, zegt ze stroperig met haar blik weer op mij gericht, een goeie woede-uitbarsting. Gewoon, eens lekker kwaad worden. Van mij mag je. Dat geharrewar met stemmen; je stikt er nog eens in. Je dwingt urgentie af maar neemt een kilometerslange aanloop, lachwekkend. Blijf maar tegen wormen praten, kweek wilde erwten: zo wordt het van alles, maar nooit gevaarlijk. En stel dat je gelijk hebt – ik zie heus de fik in je ogen wel – als je dus zo ontzettend triomfeert, waarom schreeuw je het dan niet van de daken?

De vrouw die ik nooit werd vernederen: dat zou me groots opluchten. Haar vermorzelen onder mijn loden gelijk. Want haar manipulaties worden steeds opzichtiger. In de grond is haar verlangen onveranderd, natuurlijk, ze wil heus niet dat ik schreeuw. Ze praat me, uiteindelijk, gewoon in een jurk. Zodat iedereen mijn vorm ziet, die van mij is, niet van hen. Een jurk waarin ik hanteerbaar ben. Want het enige wapen van de jurk is de schimmige macht over wellust van mannen – waardeloos voor mij. Ze wil mij niet als denkend wezen. Iemand met een onhaalbaar streven, groter dan ikzelf. Een lat die altijd te hoog ligt, precies waar ik hem wil. Ze wil geen ogen op mij gericht die ongemakkelijk houvast zoeken, niet dat ik er ruchtbaarheid aan geef. Ze wil me buitenspel en klein.

Ik kijk haar aan. Je denkt dat ik het niet kan.

Maar ze kijkt langs me heen naar het keldergat waaruit een kind tevoorschijn komt. Het draagt rode kleren, een zwart ooglapje en een geschminkte stoppelbaard. In de ceintuur prijkt een plastic sabel. Het kind sjort aan het shirt, trekt het uit de broek, dan over het hoofd en smijt het op de grond. In blote kinderbast kijkt het ons uitdagend aan.

We draaien de rollen om, zeg ik tegen de vrouw die ik nooit werd. Vanaf vandaag luister je naar mij. Ik zal je kalmeren wanneer het gênant wordt. Je zal denken dat ik luister wanneer je tegensputtert. Ik laat je in de waan, ik zal je bewijzen, bloedsvriendin, dat ongemak niet fataal is. En ik zal je liefdevol smoren in ieder goedbedoeld cliché. Dat van die jurk, die zedigheid. Wees nu eindelijk maar ten diepste wat je bedoeld bent te zijn: volgzaam – van mij mag je.

Terug, ontaarde pissebed, sist ze, niet tegen mij maar tegen het kind dat daar nog steeds een punt staat te maken, naar je onderwereld, vuil kinderbeest!

Het kind trekt de sabel, de plastic punt trilt en wijst in haar richting. Het staat wijdbeens in de deuropening en beweegt de sabel in een vloeiende beweging van boven naar beneden. Ik herken er een Z in. Dan deinst het achteruit, terug de kelder in.

Op dat moment slaat tocht de kelderdeur dicht en zwiept de tuindeur open. Zeewind waait naar binnen. De tuin erachter wuift.

Daar gaat je denkfout, zegt de vrouw die ik nooit werd en ze knikt naar de gesloten kelderdeur.

25

De ochtend is alvast zonder mij begonnen. Er ligt een raster van minuscule dauwdruppels, gevangen in spinrag over de aarde. In de afgelopen drie weken is de tuin veranderd in een kleine akker. De aarde is donker van de compost die ik door de zanderige bovenlaag mengde. Gisteren heb ik met een hark alles een laatste keer geëgaliseerd, daarna de flagstones opnieuw gelegd, me bijna vertild aan die veel te zware dingen. Het pad veert licht, ik loop naar de schuur. In de luwte wachten de potten en kratten met erwtenplantgoed. Ze hebben een week buiten kunnen wennen. Ik strijk over hun koppen, afgehard en stevig inmiddels. Ze kiemden goed, het zijn er meer dan ik hier kwijt kan. Ik zou Wanda er een paar kunnen brengen.

Die middag dat ik uit de kelder kwam, was ze langsgekomen. Ik stond buiten de kruin van de boom te verzagen. Dat ik heel wat van plan was, had ze om zich heen kijkend gezegd. Het was duidelijk dat de zon haar mocht, zoals hij kleine hoekjes van haar liet glimmen. Ze ging iets te dicht bij me staan. Ik stapte niet opzij, antwoordde dat ik ruimte maakte voor mijn erwtenproject. Ereprijs, de kleur van haar ogen, dat was het. Er klonk het staccato van verstopte pimpelmezen. Ze zouden een plantgemeenschap vormen, zei ik, zoals de bewoners van een eiland, met herkenbare koppen en achternamen. Isolatie en zo, en ik veegde met een arm zaagsel van mijn wang. Dat ik er eigenlijk over moest schrijven, zei ze. Ze klonk oprecht. Dan had ik de titel al, antwoordde ik: *De laatste boer.* Daar dacht ze even over na en reikte me toen iets aan, zei dat die oude dominee alles bewaarde. Ze legde een eenvoudige cassetterecorder in mijn handen. Dystopisch, die laatste boer, vond ze, zoiets als de jongste dag en met een voorzichtig gebaar plukte ze een stofdruiper uit mijn haar. Daarna liep ze terug naar het hek. Halverwege draaide ze zich om en zei dat ik 'm maar een keer kwam terugbrengen, als ik had gevonden wat ik zocht.

Aan de achterkant van de schuur ligt de verzaagde stam, een verzameling reuzedobbelstenen, ernaast de enorme bos takken die ik grofweg sorteerde op maat. Ik vis er geschikte exemplaren tussenuit die als rijshout zullen dienen. Het gras eronder is in die korte tijd al slungelig hoog opgeschoten. Want juist bij gebrek aan licht groeien planten hard. Schaduw stimuleert auxine, het planthormoon waardoor cellen zich als ballonnen vol water zuigen. Ze verlengen, strekken, reiken naar de zon, slap maar lang, zodat de top maar zo snel mogelijk het levenslicht bereikt. Onthouding transformeert.

Ik was met de recorder direct naar binnen gelopen en had de stekker in het stopcontact gedaan, het cassettebandje uit de kangoeroezak van mijn sweater gegrist en het in de klep gestopt. Witte ruis. Zacht klonk er het slepend draaien van de wieltjes van de cassetterecorder doorheen, sjoef-sjoef-sjoef. De ruis veranderde van kleur, er klonk een flamboyante stem die oom Filip aankondigde, hij noemde ook zijn achternaam en mij, zijn nichtje, en dat we een evergreen gingen spelen.

Ineens wist ik het weer. Negen jaar oud, ik droeg een pony, een overbeet en een hardroze ribbroek. Ik droeg een klarinet en ik had geen flauw idee wat een evergreen was. Het donkere hout stak strak af tegen de zilverkleurige knoppen. De beker van het instrument kwam tot ongeveer mijn knieën. Sinds kort hoorde ik bij dit prachtige instrument, al bonkten de tonen nog als knikkers op beton. Op les leerde ik noten, ik leerde ze door het liedje uit mijn hoofd te leren, door te voelen in het tintelen van mijn vingertoppen waar de noot zat die geschreven stond. Oom Filip zei dat hij geen noten kon lezen, hij vroeg mij niet een 'b' te spelen, hij sloeg een noot aan en ik vond de juiste.

Hij speelde alles uit zijn hoofd, en vandaag mocht ik samen met hem een paar liedjes spelen, in het bejaardentehuis. Hij zag er niet uit als andere mannen, hij droeg een vlinderdasje en had zachte wangen en fijn, blond haar, ook op zijn handen, waar het krulde. Iedereen kende hem. In zijn ogen smeulden plannen.

De oude mensen zaten in groepjes bijeen, we wierpen elkaar steelse blikken toe. Je bent helemaal niet zenuwachtig, glimlachte oom Filip. Ik schudde mijn hoofd. Niet te hard blazen, dacht ik toch, want dan sloeg de stem van de klarinet over en piepte hij schril. Wist ik wanneer ik in moest zetten? Ik knikte. Oom Filip begon aan een intro, een vlechtwerk van rollende noten, zinnen die elkaar aanvulden en probeerden bij te benen. Hij vertraagde en bouwde een rust in, het teken dat ik in moest zetten. Ik blies, met het rietje tegen mijn naar binnen gevouwen onderlip, mijn tanden op de bovenkant van het harde mondstuk. We speelden samen. Mijn massieve noten werden opgetild door de zijne, die licht en lyrisch waren. Hij gebruikte de volle lengte van het klavier, maakte grapjes van de laagste noten, omlijste de mijne met gemak, liep even vooruit, naar boven en dan weer terug. Het kwam altijd goed. Tot halverwege, ik vergat een mol en blies van schrik te hard, de klarinet piepte, maar het maakte niet uit, oom Filip speelde onverstoorbaar door, ik kende het liedje toch uit mijn hoofd. Een herhaling, ik keek naar de noten maar vertrouwde op mijn vingers die wisten waar ze moesten zijn, we speelden, tot mijn laatste noot. Oom Filip plakte er een riedel aan vast, we waren geland. Ik haalde adem, draaide me om, de mensen klapten! Oom Filip draaide op zijn pianokruk en keek me lachend aan.

Ik drukte op 'stop', wreef over mijn gezicht.

De steen wacht tegen de muur van het huis. Ik til het koudbloedige graniet op en loop ermee naar de plek van de boom. Daar zal voorlopig niets groeien, de wortels krijg ik niet zomaar weg. Om de buik van de steen bind ik een lang touw, aan het uiteinde een scherpe stok. Als een passer trek ik een wijde cirkel om de steen, verkort het touw met een halve pas en trek een tweede baan door de aarde, net zo lang totdat de steen omringd wordt door concentrische cirkels. Daarna prik ik op mijn knieën een vinger in de zachte aarde van de binnenste cirkel, plant er een sprietig erwtenplantje in, en nog één, op twee vingers afstand, een dubbele rij. De zon schijnt op mijn blote nek. Als de cirkel beplant is, steek ik aan de buitenzijde van beide rijen takken schuin in de aarde. Hun warrige vertakkingen zijn naar boven gericht. Ze haken in elkaar, vormen een beschermende haag over het jonge plantgoed. Maar dat is niet hun belangrijkste taak. Wanneer de gerankte erwten zichzelf niet meer kunnen dragen, zullen ze – vuist op vuist – een weg naar boven klimmen langs het geleende geraamte.

Ik begin aan de volgende rij, dan gaat mijn telefoon. Ik vis het ding uit de zak van mijn tuinbroek tevoorschijn.

'De beurs is toegekend.'

Ik denk na.

'Mijn reisbeurs naar Flores, weet je nog?' Aan de andere kant van de lijn klinkt de schreeuw van een meeuw. Zijn stem klinkt raar.

'Waar ben je?' vraag ik.

'Hier. Op de kade.'

Ik word vooruitgeblazen op de fiets. De haven is uitgestorven. De reizigers hebben zich over het eiland verspreid en de veerpont is alweer vertrokken. Geleund tegen een bushokje uit de vorige eeuw staat daar mijn vriend. Hij zwaait met een slappe arm, als een moederloos zeehondje, een olieslachtoffer. Een pluk haar waait op.

'Handig,' knikt hij naar de tandem.

Ik omhels hem. Schichtig ontwijkt hij mijn blik als ik hem loslaat.

'Wil je een gevulde koek?' Hij haalt een frommelige verpakking uit zijn binnenzak. Ik schud mijn hoofd.

We fietsen het dorp uit. Zwijgend, omdat er veel tegenwind staat, bovendien zitten we achter elkaar. Het fietspad wordt geflankeerd door struikachtige klokhuisboompjes, halfwilde nakomelingen van de zaden uit appels die vakantiegangers al fietsend eten en gedachteloos in de berm gooien. Ik wil me omdraaien, hem erop wijzen, maar bedenk me.

'Ze begreep niet wat ik bedoelde, met het hervinden van een verloren deel.' Werner speelt met een theelepeltje. Mat kijkt hij uit het keukenraam. Buiten staan de paar erwtenplantjes er wat verloren bij in de donkere vlakte. Direct nadat hij had gehoord dat hij de beurs had gekregen, in de vreugde van het moment, had hij Ilse verteld over zijn nieuwe collega. Hij had verwacht dat ze blij zou zijn, dat hij de verleiding zo verstandig uit de weg ging. Blij ook voor hem, dat hij de beurs had gekregen, blijdschap die eventuele kreukels zou gladstrijken. Maar ze waren vrijwel direct verzand in een getalsmatige reconstructie: hoeveel berichten, hoe vaak, vanaf wanneer?

'Misschien is ze gewoon niet zo'n voorstander van je proefondervindelijke aanpak,' probeer ik. De randen van zijn ogen zijn een beetje rood, de irissen zwak gekleurd, ze komen overeen met de buitenlucht. Zijn hand vormt een vuist. 'Feitelijk is er niets gebeurd hè. Laten we dat vooral niet vergeten.' Zijn kaken klemmen op elkaar. Hij wil dat ik hierover vertel, en hij gebaart naar buiten. 'Die cirkel, die steen, ik dacht dat je ontslag had genomen?'

Om tijd te winnen, sta ik op en doe water in de waterkoker. Ik ga weer zitten en vertel dat ik vroeger een piraat wilde zijn. Met carnaval verscheen ik op school in een rode broek met een geschminkt stoppelbaardje, lapje over het oog en een sabel in de ceintuur. Trots deed ik mijn jas uit en zag hoe mijn juf met de rinkelende armbanden en de roodgelakte nagels naar me keek. Zij werd steevast vergezeld door een zwoele mengeling van sigarettenrook en parfum. Een piraat! riep ze theatraal. Lachend vroeg ze of ik nu een jongen was, met die stoppelbaard. De juf van de parallelklas lachte samenzweerderig met haar mee. Het is schmink hoor, zei ik met afgewend hoofd, ik verraadde mezelf. Niet zo lang daarvoor had ik huilend op de wc aan mijn moeder bekend dat ik liever een jongen wilde zijn. Omdat ik dacht dat als je het ene niet wilde, je kennelijk verlangde het andere te zijn.

Ik kijk Werner aan en zeg dat het makkelijk is kinderen te vernederen. Ze komen zonder bolster. Dat het de laatste keer was dat ik níét op mijn hoede was. Dit kind ging vanaf de piraat ondergronds. Dat het ontluisterend is, bovendien, hoe volwassenen denken dat kinderen het niet snappen.

De vrouw die ik nooit werd snerpt er pesterig doorheen: Elke vecht met zichzelf omdat de juf uit groep twee haar plaagde. Is dit, vervolgt ze met een normale stem, ten diepste wie je bent? Moet je weer dit pad bewandelen, weer je schaamte gul tentoonspreiden? Jaren geleden, ben je vergeten dat je toen ook al zocht? Maar toen konden we met z'n allen nog denken dat het paste bij je leeftijd. Zoeken doe je een afgebakende periode tijdens een bepaalde leeftijdsfase – natuurlijk zijn daar richtlijnen voor –, en dat je niet vond wat je wilde, is dat niet het bewijs dat het er niet is? Moet je er dus met andere woorden weer over beginnen? Ons straks weer vertellen wat je zocht maar niet vond? Als je niet vindt wat je zoekt, dan stap je over op iets anders. Een hobby of zo, ik noem maar iets geks. Niet altijd maar dat navelstaren, dat wij dan moeten luisteren. Ja, wij, herhaalt ze, want ik weet best dat ik niet je enige publiek ben en je vond me al nooit heel aardig, maar let op. Het kan altijd nog erger. Want de barre waarheid, meisje, is dat het niemand een lor interesseert.

Het is niet van mij, denk ik, deze doodsreutel. Ik ben het niet zelf.

'Je bent ook zo gevoelig,' zucht Werner eindelijk, 'maar wat heeft het allemaal met erwten te maken?'

Ik spring op, de stoel valt met een klap achterover. Dat hem een voorkeursbehandeling ten deel valt kan ik hem niet verwijten, zijn gemakzucht wel. 'Als je het niet begrijpt, zeg dan dat je het niet begrijpt. Concludeer niet automatisch dat ik "zo dit of dat" ben!' Wat een opluchting, denk ik, het is echt niet van mij.

Hij kijkt op. 'Elke alsjeblieft, ik heb erg weinig geslapen en –'

Ik druk een wijsvinger op het tafelblad. 'Noem me gevoelig of in de war: het is niet meer dan een benadering. Een onnauwkeurige bovendien.' Ik vervolg, dat hij nooit iets hoeft uit te leggen, zijn wezen niet hoeft te verklaren, dat geen enkele van zijn verlangens omstreden is, zelfs dat broeierige tussen hem en zijn collega is een herkenbaar onderdeel van een vertrouwd scenario. Zover het oog reikt: enkel gebaande paden en gemak. Onderweg de luie aanname dat alles is zoals het zich aan hem voordoet. Hij weet niet beter, want zijn lichaam is een lichaam dat mag: zweten, behaard zijn, ruimte innemen, geluid, kracht en begeerte tonen, bloot zijn van boven zonder reden of gevolg. Het lichaam van de man is de maat. Maar het is een lichaam met een lui oog. Hij kent me al zo lang en nog steeds heeft hij geen flauw idee van de buitencategorie waar ik en een handjevol anderen toe behoren, een grijze kaste van onvrouwen. We maken er werk van, die onzichtbaarheid, want als puntje bij paaltje komt, is ook de onvrouw gewoon een variëteit, een – feitelijk invasieve – ondersoort van de rasechte vrouw. Iemand om te corrigeren, te ridiculiseren, te mystificeren. En dit ontslaat je van de taak haar gelijkwaardig te bevinden, een 'nee' voor waar aan te nemen. Bij al te grote verwarring kun je de vrouw elimineren. Uiteraard ben ik jaloers. Niet op dat mannenlichaam met bijpassend mannengeslacht. Begrijp me niet verkeerd. Dit gaat niet over lichamen, dit gaat over de willekeur, over wat lichamen voor ons betekenen. Zoals je in oorlogstijd niet naar Zwitserland vlucht om zijn alpenweides. Ik verlang naar één specifieke kwaliteit, de onbenoemde neutraliteit van de mannelijke vorm: De Norm.

Het water borrelt, de waterkoker slaat met een klik af. Ik giet kokend water in de theepot. Dat ik heus wel weet dat ik weinig te klagen heb, ga ik verder, ik word niet in een cel gemieterd om mijn heidens verzet. Het kan veel erger. Maar met de blinde hypocrisie ben ik klaar, het klakkeloos aansluiten bij de debiliserende polonaise. Trouwens, het ondergrondse piratenkind redt zich al heel lang. Het gaat me vooral om de onderliggende denkfout die ons heeft geïnfecteerd. Als ze al bestaan, scherp gedefinieerde dualiteiten, dan zijn ze totaal ondergeschikt aan het oppermachtige grijze gebied ertussen, aan de allesomvattende eenheid en grenzeloze verbondenheid van alles op aarde. Ik haal adem.

Werner kijkt me glazig aan. 'Ik weet niet –' begint hij.

'Deze gedomesticeerde erwten', en ik wijs naar buiten, 'het zijn niet hun ranken, bladopbouw of bloemen waarmee ze zich onderscheiden van een wilde erwt. Het zijn hun forse zaden, de veel te zachte zaadhuid en de peul waarvan de twee helften na rijping potdicht blijven: het is die hulpeloosheid die ik eruit zal veredelen. Pas dan is de erwt klaar voor uitzetting in het wild.'

Nog steeds die stuurloze blik van hem. Ik schenk thee in en zet de stoel overeind. Met mijn handen nog op de rugleuning spel ik voor hem uit: 'Wat mij geschikt maakt voor domesticatie, is niet mijn lichaam, de behoefte aan aandacht of zelfbeschikking. Het is mijn slaafse roedelgedrag, mijn ontvankelijkheid voor schaamte en mijn neiging naar het ondergrondse. Dát staat verwildering in de weg.' Ik zak neer op de stoel, moe ineens. Niet alles is verloren. Want niet mijn dunne bolster, noch de dikte van een zaadhuid, is in steen gebeiteld. En aan mijn geheugen mankeert niets. 'Ik zal het bewijzen.'

Altijd maar weer bewijzen dat ik besta. Toch liever dat dan me aan te laten praten wat niet van mij is. 'Nu lust ik wel een stuk van je gevulde koek,' zeg ik.

Hij vist het ding tevoorschijn en breekt het in

tweeën, geeft mij de helft met de amandel.

'Ridderlijk als altijd', en ik hap in de koek.

's Avonds vind ik een slaapzak voor hem. In de badkamer poetst hij zijn tanden. Met het ding onder mijn armen geklemd, leun ik tegen de deurpost en kijk naar zijn spiegelbeeld. Hij kijkt terug, bukt om te spugen en draait zich om.

'Toen de paleontologen het schedeltje van de Floresmens vonden, waren ze in de war omdat het zo klein was, niet groter dan een grapefruit.' Hij houdt een denkbeeldig stuk fruit in zijn hand. Kleine mensen zijn niet ongewoon, verklaart hij, maar het is hun lichaam dat klein is, de schedels blijven min of meer gelijk. 'Was dit dus een archaïsche aap of mensachtige? Ze maakten een afgietsel van de hersenpan, vulden die met mosterdzaad en leidden daaruit af dat de inhoud 380 milliliter was. Een tegenvaller, want het volume van een mensenschedel schommelt rond de 1300, met als ondergrens voor mensachtigen 500 milliliter. Chimpansees bijvoorbeeld, hebben een schedelvolume tussen de 500 en de 300 milliliter. Maar als het schedelpannetje niet van een hominide was, wat deed deze figuur dan met stenen werktuigen en vuur?' Hij kijkt me scherp aan. 'Precies, de onderzoekers werden op heterdaad betrapt door de werkelijkheid, ze waren op een denkfout gestuit.' Hij vertelt dat na wat gesoebat het inhoudsminimum werd bijgesteld, waarna de vondst met een enkele pennenstreek alsnog een hominide werd. Uit recenter onderzoek blijkt trouwens dat de inhoud meer rond de 426 milliliter ligt, maar dat is nog steeds niet veel. 'Zo simpel kan het zijn, Elke. En dan nog iets, herinner je je die afbeelding die ik je laatst liet zien?'

Ik denk aan de grijs bebaarde mens met aapachtige trekken, fier overeind, met in de ene hand een knots en over de schouder een zojuist buitgemaakt ratachtig beest ter grootte van een kleine hond.

'Die werd iconisch, helaas. Want tussen zijn benen bungelt iets. Een penis, inderdaad. Maar de heupomvang van deze Floresmens liegt niet. Zij, die haar volk beroemd maakte, het meest complete skelet dat tot nu toe is gevonden, zij is een mens zonder piemel. Een vrouw, zo je wilt. Een afbeelding van een op reuzeratten jagende vrouw, dat ging kennelijk de verbeelding te boven.' Hij pauzeert en legt de tandenborstel terug in zijn toilettas. 'Ze wacht nog op rectificatie.'

Ik wil een hand op zijn rug leggen. 'Heb ik je weleens verteld,' zeg ik, 'dat ze mijn oom hier vonden? In de kruipruimte, een defecte spanningszoeker in zijn hand. Elektrocutie, kennelijk.'

Werner schudt geschrokken zijn hoofd.

'Oude bedrading, een stom ongeluk.' Ik kijk langs hem heen door het badkamerraam naar buiten. De maan is bolrond en dreigend laag. 'Heb je die gezien?'

Hij kijkt. 'We hebben alleen elkaar Elke.'

Nadat ik het bandje had beluisterd, was ik nog diezelfde avond met de recorder naar Wanda gefietst. Het slingerende fietspad bracht me in haar kaarsrechte straat. Ze liet me binnen, in dat huis dat niet het hare was, omringd door andermans spullen, en ik had het niet zien aankomen maar ik voelde de afwezigheid achter mijn gulp. Het leven sijpelde als de elektriciteit uit een aardedraad, via mijn voeten de bodem in. Het was niet-erkende leegte die de sok had achtergelaten. En in de woonkamer, terwijl we allebei wat schutterig stonden te praten, ik over het bandje, zij over de voorganger die niet terug zou komen, dat ze daarom aan zou blijven, boog ik toch voorover. Een benadering. Want later, op de fiets terug, kwam het me haast wiskundig voor, hoe mijn kromme haar rechte lijn had geraakt, in een enkel punt.

Werner heeft gelijk. Ik verander, door de ander, verander de ander en alles neigt naar elkaar, hoe dan ook. Waardoor uiteindelijk alles klopt omdat we niet anders kunnen. Zoals de plant naar het licht groeit en de kiem maar één richting kent. De plant is met zovelen verweven. Ze strekt haar tenen tot het uiterste, sluit polygame huwelijken die haar soort overstijgen, ruilhandelt met bodemschimmels, aaltjes en bacteriën, lokt insecten, mensen en andere herbivoren, zet de wereld naar haar hand. Een ondergronds gebruis van microscopisch leven, van zoveel soorten – we hebben geen idee – die elkaar eten en stoffen uitscheiden voor de hongerige tengels van de plant. En de plant, die groeit naar het licht.

Bovengronds is de wereld veranderd in een zee van soja, maïs en graan. Kunst- en drijfmest verzuren, gif vermoordt. Daarbeneden waart de dood. En de mensen maar zaaien, zwoegen en baren. Inmiddels verzuipen we in de mest, regent het stikstof uit de hemel en traant het fosfaat in de sloot. Luizen doodgespoten, bomen gekapt en houtwallen geruimd. Geen toevluchtsoord meer voor de insecten, vogels, knaagdieren, mossen en paddenstoelen, die zich voeden met elkaar of met de planten, die schaduw van bomen nodig hebben. Hun dode lichaam voedt zonder uitzondering de wezens in de grond, de schimmels en de bacteriën, die óók water en mineralen vasthouden voor de plant, oersterke wezens, maar waar ze unaniem niet tegen kunnen is gif en de aarde wordt steeds stiller. Monomaan domineren brandnetel en alg. Nieuw land is op.

De natuur is oneindig complex, herprogrammeert zichzelf doorlopend. We hebben haar niet ontcijferd, we doen hoogstens alsof. Ondertussen kilvert de boer zijn land en nivelleert de natuur. Engels raaigras en voedermais, soorten sterven uit en als de wereld eentoniger wordt, vernauwt ons denken dan mee?

Daarom: niet denken dat je alles weet. Want planten groeien naar het licht en sommige wachten in de schaduw, staan paraat voor als de reuzen sterven die na hun doodsmak voedsel worden voor de wormen, die met hun gangenstelsel sponscake van de aarde maken. Want door hun microtunnels blaast zuurstof voor mollen, eencelligen en plantenwortels, want een plant ademt ook van onderen, door zijn tenen. En de plant bereikt nooit de zon – de hoogmoed! –, reiken is voldoende, de ledematen strekken, bladeren erbij, knoppen en zijtakken. Bloeien alsof vandaag de laatste is. Kaal is de aarde nooit lang. De wond heelt vlot want andere planten groeien mee, de wortels stevig verankerd, hun groen haakt in elkaar, ze herkennen en maken plaats of overschaduwen en sommige maken stugge penwortels en andere duizend zaden. En de plant maar groeien, maakt vruchten en bevrucht anderen, vader en moeder tegelijk. Elke centimeter wordt benut en als er iemand sterft, kiemt een ander in zijn plaats. Kijk van onderen in de kruin van een boom en je ziet hoe ieder blaadje zijn unieke hoek vindt, hoe hij zo het licht optimaal vangt.

De aarde zal weer bruisen, als we stoppen de kiem te smoren die niet buigt. Want alles hangt met alles samen en we buigen heel ver, tot we barsten. We vormen vóór we begrijpen. We zien vóór we kijken. We raken aan en we wijken, want alles hangt met alles samen en iedereen groeit naar het licht.

Ik geef hem de slaapzak. Na de oogst, denk ik, als mijn eerstelingen wachten op de volgende lente, dan kan ik misschien met hem mee naar Flores. Er is geen oplossing, enkel volharding in het zoeken. Steeds maar weer blootleggen, als het ontleden van een dier. Huid opensnijden en daarna, in die rommelige zak die het lichaam is, bindweefsel van spierbundels en organen prepareren. Als een patholoog-anatoom aanwijzen waar het denken faalde, waar het fataal werd zelfs. En ook als niemand het snapt, zelfs als ik ongelijk heb en het falen enkel mijzelf betreft, zelfs als dat zo is, zal ik het letsel eigenhandig uitvergroten. Dan kan niemand er nog omheen.

Als ik mijn ogen sluit, zie ik ze voor me, de zware schermbloemen van verwilderde pastinaken, in een etherisch veld van schouderhoog graan en geel bloeiende bladkolen, doorregen met het paars geaderde blad van overwinterende kroten, de aarde barstensvol slapend zaad van bittere sla, uitkruisende uien en woekerbonen, zondoorstoofde knoflookbollen die ondergronds hun tenen verdelen, in een veelarmige omhelzing van groen gecamoufleerde pompoenen, een zelfzaaiend Eden.

Doof het licht, mijn celstrekking begint. Want de plant groeit naar het licht, juist in de schaduw. En de plant groeit naar het licht.

26

De steen rust in haar nieuwe constellatie. Een ondiepe kuil, daar lijkt het op. Ze twijfelt of ze dit als degradatie op moet vatten, maar eerlijk gezegd heeft ze wel gekker meegemaakt. Het is hoe dan ook een welkom gevoel, vaste grond onder haar voeten. Ze heeft de aarde gemist en de lucht – ze kijkt omhoog – en alles daarboven en verderop, ze zoekt de hemel af naar haar evenbeeld. Maar de maan schuilt achter een dik pak wolken. Tijd is zoals altijd op haar hand, die maan komt wel weer een keer tevoorschijn. Ze dommelt in van dat grenzeloze besef.

Dan kriebelt er iets aan haar voeten. De aarde stulpt, reikt uit. Vele kleine maar onmiskenbare duwtjes omhoog. Ze kijkt omlaag. Als steenslag bij heldere hemel ontstaan in een vlot tempo om haar heen minuscule kratertjes van aarde, het ene na het andere. Uit sommige lummelt een worm. Het zullen dezelfde ongelukkige pendelaars zijn die hun kop aan haar stenen voet stoten. De veel te poreuze aarde draagt ineens niet meer zo zeker. Daar zakt ze al een millimeter.

We zien haar niet, we zien haar wel
Ze heet als wij, ze is van ons

Het wormenkoor fluit hypnotiserend uit zijn vele gaatjes. Ze zakt nu haast een hele centimeter. Dan klinkt van dichterbij gesmoord:

Wurmgeschwister! Hier! We hebben haar gevonden: onze wormmaan!

Ogenblikkelijk stopt het stoten onder haar, alsof iedereen herschikt. Dan, met wat lijkt op vereende kracht, begint het trekken. Ze schuift nog verder onderuit. Een duidelijk merkbare neerwaartse beweging, ze zakt alsmaar dieper. Prima wat haar betreft, je wordt tenslotte wat je weet. Nog even en ze is weer onder ons. De aarde sluit haar koele vingers al om haar romp.

Verantwoording

Bij het schrijven van dit boek heb ik mij door velen laten inspireren. Drie boeken ben ik in het bijzonder dank verschuldigd. Meermaals herlas ik passages, gegrepen door de ideeënrijkdom en deskundigheid. Gedurende het schrijfproces ontstond er tussen de drie titels een kruisbestuiving die uiteindelijk een belangrijke basis voor dit boek vormde. Mijn dank gaat uit naar:

De graangodin – Louis Beyens

Het lied van de dodo – David Quammen

A new human – Mike Morwood and Penny van Oosterzee